학령기 아동을 위한

읽기유창성 및 읽기이해 프로그램 _ 5권

V 수준

김애화 · 김의정 공저

학지사

머리말

읽기는 모든 교과 학습을 위한 도구적인 역할을 하므로 교과 학습이 시작되는 초등학교부터 학습자는 적절한 읽기 능력을 갖추고 있어야 한다. 이러한 읽기 능력을 갖추기 위해서는 단어를 정확하게 읽을 수 있는 기초적인 능력뿐만 아니라 글을 유창하게 읽고, 읽은 글의 내용을 잘 이해하는 것이 필요하다. 특히 초등학교에서 읽기의 어려움을 보이는 경우, 이를 그대로 두면 성인이 되어서도 읽기 문제가 지속해서 나타날 수 있으므로 초등학교부터 집중적인 읽기 지도를 하는 것이 바람직하다.

이에 초등학교 학생의 읽기유창성 및 읽기이해 능력을 향상시키기 위한 프로그램을 개발하였다. 이 프로그램의 특징은 다음과 같다. 첫째, 각 학년에 적합하도록 지문을 활용하여 프로그램을 구성하였다. 둘째, 읽기유창성 및 읽기이해 능력을 향상시키는 데 효과성이 입증된 다양한 연구기반 교수법을 적용하여 프로그램을 구성하였다. 셋째, 읽기유창성 교수와 읽기이해 교수를 연계하여 지도할 수 있도록 프로그램을 구성하였다. 넷째, 사전평가-지도-사후평가를 통해 학습자의 읽기유창성 및 읽기이해 향상도를 점검할 수 있도록 구성하였다.

따라서 이 프로그램은 학교 내 기초학력 부진 학생 지도 및 방과 후 수업이나 학습종합클리닉센터, 개별센터 등 다양한 장면에서 읽기유창성 및 읽기이해 능력 향상이 요구되는 초등학교 학생을 지도하는 데 활용될 수 있다. 또한 읽기에 어려움을 겪는 학생, 느린 학습자, 다문화 가정 학생 등의 경우에는 초등학생뿐 아니라 중등 이상의 학생 지도 시에도 이 프로그램을 사용할 수 있을 것이다. 이 외에도 필요에 따라 가정에서 자녀의 읽기유창성 및 읽기이해 지도를 위해 활용될 수 있다. '학령기 아동을 위한 읽기유창성 및 읽기이해 프로그램'이 다양한 학습자의 읽기 능력을 향상시킬 수 있는 자료로 활용되기를 기대한다.

이 프로그램이 개발되기까지 여러 사람의 도움이 있었다. 우선, 프로그램 개발 과정에서 도움을 준 김지은 선생님, 박민정 선생님, 박선희 선생님, 정경아 선생님, 정현승 선생님에게 감사의 마음을 전한다. 또한 출판 과정에서 도움을 준 학지사 김진환 사장님과 박나리 선생님에게 감사를 드린다.

- 이 책은 단어, 문장, 글 수준에서의 읽기유창성 및 읽기이해를 향상시키는 것을 목표로 개발되었다.
- 이 책의 구성은 1) I 수준 읽기유창성 및 읽기이해 프로그램, 2) II 수준 읽기유창성 및 읽기이해 프로그램, 3) III 수준 읽기유창성 및 읽기이해 프로그램, 4) IV 수준 읽기유창성 및 읽기이해 프로그램, 5) V 수준 읽기유창성 및 읽기이해 프로그램, 6) VI 수준 읽기유창성 및 읽기이해 프로그램으로 구성되어 있다. 각 수준별 6회기, 총 36회기로 구성되어 있다.

  - I 수준 읽기유창성 및 읽기이해 프로그램은 초등학교 1학년 수준의 읽기 지문을 활용한 프로그램이다. 따라서 일반학생의 경우 1학년에게 적용 가능하며, 읽기에 어려움을 겪는 학생의 경우에는 1학년 이상의 학생에게도 적용 가능하다.
  - II 수준 읽기유창성 및 읽기이해 프로그램은 초등학교 2학년 수준의 읽기 지문을 활용한 프로그램이다. 따라서 일반학생의 경우 2학년에게 적용 가능하며, 읽기에 어려움을 겪는 학생의 경우에는 2학년 이상의 학생에게도 적용 가능하다.
  - III 수준 읽기유창성 및 읽기이해 프로그램은 초등학교 3학년 수준의 읽기 지문을 활용한 프로그램이다. 따라서 일반학생의 경우 3학년에게 적용 가능하며, 읽기에 어려움을 겪는 학생의 경우에는 3학년 이상의 학생에게도 적용 가능하다.
  - IV 수준 읽기유창성 및 읽기이해 프로그램은 초등학교 4학년 수준의 읽기 지문을 활용한 프로그램이다. 따라서 일반학생의 경우 4학년에게 적용 가능하며, 읽기에 어려움을 겪는 학생의 경우에는 4학년 이상의 학생에게도 적용 가능하다.
  - V 수준 읽기유창성 및 읽기이해 프로그램은 초등학교 5학년 수준의 읽기 지문을 활용한 프로그램이다. 따라서 일반학생의 경우 5학년에게 적용 가능하며, 읽기에 어려움을 겪는 학생의 경우에는 5학년 이상의 학생에게도 적용 가능하다.

- VI 수준 읽기유창성 및 읽기이해 프로그램은 초등학교 6학년 수준의 읽기 지문을 활용한 프로그램이다. 따라서 일반학생의 경우 6학년에게 적용 가능하며, 읽기에 어려움을 겪는 학생의 경우에는 중학교 학생에게도 적용 가능하다.

각 회기는 1) 사전평가, 2) 지도, 3) 사후평가로 구성되어 있다.

알아 두기

다음은 수업 전에 교수자가 알아야 하는 사항을 제시하였다. 교수자는 각 회기에서 다뤄지는 중요한 내용이나 전략에 대한 이론적인 근거를 알게 됨으로써 효과적인 수업을 진행할 수 있을 것이다.

읽기유창성이란

읽기유창성은 글을 빠르고 정확하게, 적절한 표현력을 가지고 읽는 능력을 의미한다.

읽기유창성은 왜 중요한가

읽기유창성은 글을 읽고 이해하는 능력과 높은 관련성을 지니기 때문이다.

읽기유창성을 향상시킬 수 있는 방법에는 어떤 것들이 있는가

- 학생에게 동일한 글을 최소 세 번 소리 내어 반복하여 읽도록 한다.
- 소리 내어 반복 읽기를 실시할 때, 먼저 글을 유창하게 읽는 사람(교수자나 또래)이 유창하게 글을 읽는 것을 시범 보인 다음, 학생에게 같은 글을 소리 내어 읽도록 한다.
- 학생이 글을 읽을 때 오류를 보이면 오류를 교정한다.

끊어서 반복 읽기란

1) '끊어서 반복 읽기'는 '끊어 읽기'와 '소리 내어 반복 읽기'를 결합한 교수이다.
2) 끊어 읽기: 글을 구성하는 문장들을 의미가 통하는 구나 절 단위로 끊어서 제시한다.
3) 반복 읽기: 의미가 통하는 구나 절 단위로 끊어서 제시한 지문을 소리 내어 반복적으로 읽는다. 이때, 교수자가 유창하게 글을 읽는 것을 시범 보인 후, 학생들이 세 번 이상 소리 내어 반복적으로 읽도록 하는 것이 좋다.

끊기의 기준은

- 이 프로그램에서 제시한 끊어 읽기 단위의 가장 중요한 기준은 글을 이해하는 데 도움이 되는 의미 단위로 끊는 것이었다. 기본적으로 주부와 술부를 구분하되, 겹문장의 경우에는 문장의 구조를 이해하는 데 도움이 되도록 끊음으로써 글 이해에 도움이 되도록 하였다.
- 이 프로그램에서 제시한 끊어 읽기 단위는 학생에게 도움이 되도록 제시한 하나의 예일 뿐이며, 이것이 문법적으로 정확한 단위 기준을 의미하는 것은 아니다. 또한 학생의 수준에 따라 교사는 이 프로그램에 제시한 의미 단위보다 더 많은 혹은 더 적은 어절이 포함되도록 끊을 수 있다.

이 책의 읽기유창성 프로그램은

1) 활동 1: 단어 반복 읽기

   읽기 지문에서 핵심 단어이거나 어려운 단어를 선정하여, 학생이 빠르고 정확하게 단어를 읽을 수 있도록 반복 연습을 한다.

2) 활동 2: 어휘 뜻 파악하기

   읽기 지문에서 핵심 단어이거나 어려운 단어를 선정하여, 학생이 단어의 뜻을 질적으로 깊이 있게 이해할 수 있도록 다양한 전략 활동을 한다.

3) 활동 3: 어구/절 반복 읽기

   읽기 지문에서 어렵거나 자주 접하게 되는 어구/절을 선정하여, 학생이 빠르고 정확하게 단어를 읽을 수 있도록 반복 연습을 한다.

4) 활동 4: 글 반복 읽기

   전체 읽기 지문의 단어를 학생이 빠르고 정확하게 읽을 수 있도록 세 번 이상 반복 연습을 한다.

읽기유창성 평가는 어떻게 실시하는가

1) 읽기유창성 점수는 학생이 1분 동안 올바르게 읽은 어절 수로 산출한다. 즉, '학생이 1분 동안 읽은 총 어절 수'에서 '틀리게 읽은 어절 수'를 빼서 산출한다.

   읽기유창성 점수 = 1분 동안 읽은 총 어절 수 − 틀리게 읽은 어절 수

2) 평가 시 다음 사항을 유의한다.
   - 학생이 글의 첫 글자를 읽음과 동시에 타이머를 누른다.
   - 교사가 '시작'이라고 말한 후 3초 동안 글을 읽지 않으면, 두 번째 어절을 손으로 가리키며 '다음'이라고 빠르게 말하고, 못 읽은 어절은 오답 처리한다.

- 학생이 3초 동안 글을 읽지 않을 경우, 다음 어절을 손으로 가리키며 '다음'이라고 빠르게 말하고, 못 읽은 어절은 오답 처리한다.
- 학생이 3초 안에 스스로 교정하면 그 위에 SC(Self-Correct)라고 쓰고 정답으로 처리한다.
- 학생이 한 줄 전체를 건너뛰고 읽었을 경우에는 그 줄에 표시하고 검사를 그대로 진행시키되, 생략한 부분을 오답 처리한다(1분 동안 측정하는 검사이기 때문에 검사 중간에 빠트린 부분을 다시 읽도록 지시할 경우 시간이 소요되므로 학생을 방해하지 않고 그대로 검사를 진행시킨다).
- 학생이 틀리게 읽은 어절 위에 / 표시를 한다.
- 1분이 종료되면 학생이 읽은 마지막 어절에 ┛ 표시를 한다.

읽기이해란

읽기이해는 글의 내용을 자신의 선행 지식과 연결 지으면서 의미를 형성해 가는 과정이다. 성공적인 읽기이해를 위해서는 주요 내용을 중심으로 글의 의미를 파악할 뿐 아니라, 내용을 자신의 선행 지식과 연결 지어 글의 주제를 파악하는 것이 중요하다.

읽기이해는 왜 중요한가

읽기이해는 읽기 교수의 궁극적인 목표로, 읽기 교수의 핵심이다.

읽기이해를 향상시킬 수 있는 방법에는 어떤 것들이 있는가

- 이야기글을 이해하는 데 도움을 주는 대표적인 전략은 이야기 지도(story map)의 요소에 해당하는 내용을 파악하는 것이다.
- 이야기 지도의 요소에는 인물, 시간, 장소, 사건들, 끝이 포함되며, 이야기글에서 주요 내용을 간추리기 위해서는 이러한 이야기 지도의 요소에 해당하는 내용을 파악하면 도움이 된다.
- 이야기 지도의 요소별 내용을 정리할 때, 그래픽 조직자를 활용하면 도움이 된다.

이야기 지도의 요소

1) 인물(이야기에 등장하는 인물)
2) 시장(이야기가 일어나는 시간과 장소)
3) 사건들(인물에게 일어난 사건들)
4) 끝(이야기의 끝)

글의 주제

글의 주제는 글쓴이가 말하고자 하는 생각이나 의견을 의미하며, 이야기글에서 글의 주제를 파악하는 것은 중요하다.

이 책의 읽기이해 프로그램은

1) 활동 1: 이야기 지도 알기

이야기 지도의 목적과 이야기 지도의 요소를 파악하는 활동을 한다.

2) 활동 2: 이야기 지도 전략을 사용하여 글의 내용 파악하기

그래픽 조직자에서 제시된 순서에 따라, 이야기 지도의 요소별 내용을 파악하여 기록하는 활동을 한다.

3) 활동 3: 글의 주제 파악하기

글에 제시되어 있지 않은 '글의 주제'를 파악하기 위해 글의 내용을 바탕으로 '~를 해야 한다.' 또는 '~를 하지 말아야 한다.'의 문장을 완성하는 활동을 한다.

읽기이해 평가는 어떻게 실시하는가

1) 글을 읽은 후, 읽기이해 질문을 통해 글의 내용에 대한 이해 정도를 파악한다.

읽기이해 점수 = 맞은 문항의 개수

2) 평가 시 다음 사항을 유의한다.

- 전체 지문을 소리 내지 않고 눈으로 읽도록 한다.
- 〈3~7번까지〉 문항의 답에 학생이 한두 단어로 간단하게 답할 경우, "좀 더 자세히 말해 볼래요?" 또는 "좀 더 자세히 써 보세요."라고 반드시 추가 질문을 한다. 추가 질문을 하였는데도, 같은 답을 반복하거나 정답에 제시된 내용을 말하지 못하면 오답으로 간주한다.
- 7번 추론 문항의 경우에는 지문에 근거하여 답을 하였을 경우에는 정답으로 간주한다. 지문의 내용과 무관하게 학생 자신의 사전지식이나 경험에 근거하여 답할 경우, 오답으로 간주한다.
- 채점 시, 답안에 있는 내용을 그대로 말하지 않더라도 질문의 요지를 파악하고 답을 하였을 경우 정답으로 간주한다.

차례

V 수준 읽기유창성 및 읽기이해 프로그램

1. 투명인간

학 ◇ 습 ◇ 목 ◇ 표

- 글을 읽을 때, 적당한 부분에서 글을 빠르고 정확하게 끊어 읽을 수 있다.
- 글을 읽고, 글의 중심내용과 글의 주제를 파악할 수 있다.

사 ◇ 전 ◇ 평 ◇ 가

지시문

앞에 있는 종이에 글이 있어요. 이제 선생님이 "시작"이라고 하면(학생용 평가지의 첫 어절을 손가락으로 가리킨 후, 계속 훑으면서) 처음부터 읽기 시작해서 "그만"이라고 할 때까지 최대한 정확하게, 그리고 최대한 빨리 읽으세요. 글을 읽다가 모르는 글자가 나오면 선생님이 어떻게 해야 할지 알려 줄게요. 최선을 다하세요. 질문 있어요? (질문이 있으면 질문에 대답한다.) 준비, 시작. (학생이 첫 어절을 말함과 동시에 타이머를 누르고 1분간 학생의 반응을 기록한 뒤 1분이 지나면 "그만"이라고 말한다.)

옛날 옛날에 호랑이가 담배 피던 그 옛날의 이야기입니다. 어느 마을에 사는 젊은 청년이 산길을 가다 도깨비를 만났습니다. 청년은 그 마을에서도 제일 기운이 세고 용기가 많은 젊은이였지요.

"이런, 말로만 듣던 도깨비를 여기서 다 만나게 되는구나."

그런데 도깨비를 하나만 만난 게 아니라 자그마치 셋을 한꺼번에 만났답니다. 기운이 세고 용기가 많은 청년이라도 사실 조금은 겁이 났습니다. 그래서 청년은 큰 나무 뒤에 숨어서 도깨비들이 무얼 하는지 지켜보았지요.

"이건 내 거란 말이야, 저리 가!"
"아니야, 그게 어째서 네 것이야, 내 거야, 내 거!"
"전부 웃기지들 마라, 이건 원래부터 내 거였어!"
청년이 살펴보니 도깨비 셋이서 무얼 가지고 싸움을 하고 있었어요. 청년은 왜 싸우는지 너무 궁금해서 자기도 모르게 말을 걸었습니다.
"동에 번쩍 서에 번쩍하는 도깨비 친구들아, 대체 왜 싸우니?"
도깨비들은 스스로 해결하지 못할 것 같아 청년에게 재판을 부탁했어요. 청년이 도깨비들의 설명을 잘 들어보니, 세 명은 같은 형제였지요. 얼마 전에 아버지께서 돌아가시면서 유산을 남겼는데, 그걸 서로 가지려고 싸움이 났다지요.
"유산으로 남긴 게 도대체 어떤 물건인데 그렇게 서로 싸우니?"
그러자 감투를 내놓으며 "이건 머리에 쓰면 머리가 안 보이지."
또 꾀죄죄한 도포를 내놓으며 "이건 입으면 몸통이 안 보이지."
이번에는 해진 짚신을 내놓으며 "이건 신으면 발이 안 보이지."
마지막으로 낡은 지팡이를 내놓으며 "이건 짚으면 손이 안 보이지."
청년은 도깨비들이 내놓은 물건들이 너무 허름해서 믿을 수가 없었답니다.
"너희 말을 도대체 믿을 수가 없으니 한번 시험을 해야겠다."
청년이 이렇게 말하면서 도깨비들이 내놓은 물건을 하나씩 몸에 걸쳤어요. 청년이 머리에 감투를 쏙 쓰니까 청년의 머리가 슝 하고 사라졌지요. 이번에는 몸에 도포를 턱 걸치니까 청년의 몸통이 슝 하고 사라졌지요. 또 발에 짚신을 척 신으니까 청년의 발이 슝 하고 사라졌지요. 마지막으로 손에 지팡이를 딱 짚으니까 청년의 손이 슝 하고 사라졌지요.
"아니, 이 사람이 방금까지도 여기 있었는데 어디로 사라진 거야."
청년의 모습이 갑자기 사라지니까 도깨비들이 찾는다고 난리가 났지요.
"옳지, 이때다."
청년은 도깨비들이 자신을 못 찾는 틈을 타 도망을 쳤답니다. 청년은 그길로 내달려서 구경거리가 많은 대궐로 갔습니다.
마침 그날이 임금과 신하들이 모여 잔치를 하는 날이었지요. 사람들 눈에 보이지 않는 청년은 마음대로 음식을 마구 먹었어요. 갑자기 음식이 공중으로 날아가서는 슝 하고 사라지니까 사람들이 모두 놀랐지요. 그래서 한 신하가 음식이 날아가는 곳을 향해 막대기를 휘둘렀답니다. 그러니까 공중에서 지팡이가 툭 떨어지면서 청년의 손이 쑥 하고 나타났지요. 신하가 바닥을 턱 밟으니까 짚신이 벗겨지면서 발이 쑥 나타났지요. 이번에는 신하가 지팡이로 휘두르니까 감투가 떨어지면서 머리가 쑥 나타났지요.
"아이쿠야, 저게 도대체 사람이냐 귀신이냐, 저 이상한 놈을 잡아라!"
잔치판에 모여든 사람이 모두 달려드니까 청년은 냅다 도망을 갔답니다. 그런데 도망치다가 그만 혼이 빠져 버려서 아직까지도 도망치고 있다고 하네요.

읽기유창성 점수: ____________

▶ 사전평가와 사후평가의 지문은 학지사 홈페이지(http://www.hakjisa.co.kr)에서 내려받을 수 있습니다.

1 단어를 빠르고 정확하게 읽기

다음 단어를 바르게 읽어 봅시다

젊은	기운이
재판을	유산을
내놓으며	도포를
짚신을	낡은
시험을	사라졌지요
휘둘렀답니다	밟으니까

▶ 이 페이지의 내용은 복사하거나 학지사 홈페이지(http://www.hakjisa.co.kr)에서 내려받아 사용하세요!

다음 단어들을 빠르고 정확하게 읽어 봅시다

젊은	기운이	재판을	유산을	내놓으며
도포를	짚신을	낡은	시험을	사라졌지요
휘둘렀답니다	밟으니까	젊은	기운이	재판을
유산을	내놓으며	도포를	짚신을	낡은
시험을	사라졌지요	휘둘렀답니다	밟으니까	젊은
기운이	재판을	유산을	내놓으며	도포를
짚신을	낡은	시험을	사라졌지요	휘둘렀답니다
밟으니까	젊은	기운이	재판을	유산을
내놓으며	도포를	짚신을	낡은	시험을
사라졌지요	휘둘렀답니다	밟으니까	젊은	기운이
재판을	유산을	내놓으며	도포를	짚신을

▶ 이 페이지의 내용은 복사하거나 학지사 홈페이지(http://www.hakjisa.co.kr)에서 내려받아 사용하세요!

2 어휘의 뜻 알아보기

다음 단어를 알아봅시다

예시문을 읽고, 내가 생각하는 단어의 뜻을 써 봅시다.

올바른 단어의 뜻을 써 봅시다.

정의

기운

예시문 청년은 그 마을에서도 제일 기운이 세고 용기가 많은 젊은이였지요.

비슷한 말

-
-
-

문장 만들기

비슷한 말을 넣어서 문장을 완성해 봅시다.

청년은 그 마을에서도 제일 ______________ 이 세고 용기가 많은 젊은이였지요.

새로운 문장을 만들어 써 봅시다.

도전문제

우리 반에서 가장 기운이 센 친구가 누구인가요? 왜 그 친구가 가장 기운이 센 친구라고 생각하나요?

예시문을 읽고, 내가 생각하는 단어의 뜻을 써 봅시다.

올바른 단어의 뜻을 써 봅시다.

정의

재판

예시문 도깨비들은 스스로 해결하지 못할 것 같아 청년에게 재판을 부탁했어요.

문장 만들기

새로운 문장을 만들어 써 봅시다.

도전문제

언제 재판을 하나요?

예시문을 읽고, 내가 생각하는 단어의 뜻을 써 봅시다.

올바른 단어의 뜻을 써 봅시다.

정의

유산

예시문 얼마 전에 아버지께서 돌아가시면서 유산을 남겼는데, 그걸 서로 가지려고 싸움이 났다지요.

문장 만들기

새로운 문장을 만들어 써 봅시다.

도전문제

내가 유산을 받는다면, 유산을 어떻게 쓰고 싶은가요?

예시문을 읽고, 내가 생각하는 단어의 뜻을 써 봅시다.

올바른 단어의 뜻을 써 봅시다.

정의

도포

예시문 또 꾀죄죄한 도포를 내놓으며
"이건 입으면 몸통이 안 보이지."

문장 만들기

새로운 문장을 만들어 써 봅시다.

도전문제

도포는 누가, 언제 입었나요?

예시문을 읽고, 내가 생각하는 단어의 뜻을 써 봅시다.

올바른 단어의 뜻을 써 봅시다.

정의

비슷한 말

-
-
-

허름하다

예시문 청년은 도깨비들이 내놓은 물건들이 너무 허름해서 믿을 수가 없었답니다.

문장 만들기

비슷한 말을 넣어서 문장을 완성해 봅시다.

청년은 도깨비들이 내놓은 물건들이 너무 ＿＿＿＿＿＿ 믿을 수가 없었답니다.

새로운 문장을 만들어 써 봅시다.

도전문제

허름한 음식점이었는데, 음식이 맛있었던 곳에 가 본 적 있나요?

예시문을 읽고, 내가 생각하는 단어의 뜻을 써 봅시다.

올바른 단어의 뜻을 써 봅시다.

정의

시험

예시문 "너희 말을 도대체 믿을 수가 없으니 한번 시험을 해야겠다."

비슷한 말

- ____________
- ____________
- ____________

문장 만들기

비슷한 말을 넣어서 문장을 완성해 봅시다.

"너희 말을 도대체 믿을 수가 없으니 한번 ____________ 을 해야겠다."

새로운 문장을 만들어 써 봅시다.

도전문제

전구를 살 때, 시험해 보는 게 좋은 이유는 무엇입니까?

다음 보기의 단어 중, 문장에 알맞은 단어를 써 봅시다.

보기

기운, 유산, 허름해, 시험

1 이 가방은 너무 오래된 것이어서 ________ 보인다.

2 수영이는 ________ 을 앞두고 벼락치기를 하는 습관이 있다.

3 이제는 겨울이 지나 봄의 따사로운 ________ 이 느껴진다.

4 조상들의 귀중한 ________ 을 잘 보존해야 한다.

3 어구를 빠르고 정확하게 읽기

다음 어구를 바르게 읽어 봅시다

용기가 많은 청년이라도	스스로 해결하지 못할 것 같아	도깨비들이 내놓은 물건들이 너무 허름해서	손에 지팡이를 딱 짚으니까	구경거리가 많은 대궐로 갔습니다	그만 혼이 빠져 버려서
도깨비를 하나만 만난 게 아니라	왜 싸우는지 너무 궁금해서	도깨비들의 설명을 잘 들어보니	머리에 감투를 쏙 쓰니까	도깨비들이 자신을 못 찾는 틈을 타	공중으로 날아가서는 슝 하고 사라지니까

▶ 이 페이지의 내용은 복사하거나 학지사 홈페이지(http://www.hakjisa.co.kr)에서 내려받아 사용하세요!

다음 어구/절들을 빠르고 정확하게 읽어 봅시다

도깨비를 하나만 만난 게 아니라	용기가 많은 청년이라도	왜 싸우는지 너무 궁금해서
스스로 해결하지 못할 것 같아	도깨비들의 설명을 잘 들어보니	도깨비들이 내놓은 물건들이 너무 허름해서
도대체 믿을 수가 없으니	머리에 감투를 쏙 쓰니까	손에 지팡이를 딱 짚으니까
도깨비들이 자신을 못 찾는 틈을 타	사람들 눈에 보이지 않는	음식이 날아가는 곳을 향해
도깨비를 하나만 만난 게 아니라	용기가 많은 청년이라도	왜 싸우는지 너무 궁금해서
스스로 해결하지 못할 것 같아	도깨비들의 설명을 잘 들어보니	도깨비들이 내놓은 물건들이 너무 허름해서
도대체 믿을 수가 없으니	머리에 감투를 쏙 쓰니까	손에 지팡이를 딱 짚으니까
도깨비들이 자신을 못 찾는 틈을 타	사람들 눈에 보이지 않는	음식이 날아가는 곳을 향해
도깨비를 하나만 만난 게 아니라	용기가 많은 청년이라도	왜 싸우는지 너무 궁금해서
스스로 해결하지 못할 것 같아	도깨비들의 설명을 잘 들어보니	도깨비들이 내놓은 물건들이 너무 허름해서
도대체 믿을 수가 없으니	머리에 감투를 쏙 쓰니까	손에 지팡이를 딱 짚으니까
도깨비들이 자신을 못 찾는 틈을 타	사람들 눈에 보이지 않는	음식이 날아가는 곳을 향해
도깨비를 하나만 만난 게 아니라	용기가 많은 청년이라도	왜 싸우는지 너무 궁금해서
스스로 해결하지 못할 것 같아	도깨비들의 설명을 잘 들어보니	도깨비들이 내놓은 물건들이 너무 허름해서
도대체 믿을 수가 없으니	머리에 감투를 쏙 쓰니까	손에 지팡이를 딱 짚으니까
도깨비들이 자신을 못 찾는 틈을 타	사람들 눈에 보이지 않는	음식이 날아가는 곳을 향해
도깨비를 하나만 만난 게 아니라	용기가 많은 청년이라도	왜 싸우는지 너무 궁금해서
스스로 해결하지 못할 것 같아	도깨비들의 설명을 잘 들어보니	도깨비들이 내놓은 물건들이 너무 허름해서
도대체 믿을 수가 없으니	머리에 감투를 쏙 쓰니까	손에 지팡이를 딱 짚으니까

▶ 이 페이지의 내용은 복사하거나 학지사 홈페이지(http://www.hakjisa.co.kr)에서 내려받아 사용하세요!

4 글을 빠르고 정확하게 읽기

다음 글을 / 표시된 곳에서 끊어 읽어 봅시다. 읽을 때 빠르고 정확하게 읽도록 합시다

옛날 옛날에 / 호랑이가 담배 피던 / 그 옛날의 이야기입니다. / 어느 마을에 사는 젊은 청년이 / 산길을 가다 / 도깨비를 만났습니다. / 청년은 / 그 마을에서도 / 제일 기운이 세고 / 용기가 많은 젊은이였지요. /

"이런, / 말로만 듣던 도깨비를 / 여기서 / 다 만나게 되는구나." /

그런데 / 도깨비를 하나만 만난 게 아니라 / 자그마치 / 셋을 한꺼번에 만났답니다. / 기운이 세고 / 용기가 많은 청년이라도 / 사실 / 조금은 겁이 났습니다. / 그래서 / 청년은 / 큰 나무 뒤에 숨어서 / 도깨비들이 무얼 하는지 / 지켜보았지요. /

"이건 / 내 거란 말이야, / 저리 가!" /

"아니야, / 그게 / 어째서 네 것이야, / 내 거야, / 내 거!" /

"전부 웃기지들 마라, / 이건 / 원래부터 내 거였어!" /

청년이 살펴보니 / 도깨비 셋이서 / 무얼 가지고 / 싸움을 하고 있었어요. / 청년은 / 왜 싸우는지 너무 궁금해서 / 자기도 모르게 / 말을 걸었습니다. /

"동에 번쩍 서에 번쩍하는 / 도깨비 친구들아, / 대체 왜 싸우니?" /

도깨비들은 / 스스로 해결하지 못할 것 같아 / 청년에게 / 재판을 부탁했어요. / 청년이 / 도깨비들의 설명을 잘 들어보니, / 세 명은 / 같은 형제였지요. / 얼마 전에 / 아버지께서 돌아가시면서 / 유산을 남겼는데, / 그걸 서로 가지려고 / 싸움이 났다지요. /

"유산으로 남긴 게 / 도대체 어떤 물건인데 / 그렇게 서로 싸우니?" /

그러자 / 감투를 내놓으며 / "이건 머리에 쓰면 / 머리가 안 보이지." /

또 / 꾀죄죄한 도포를 내놓으며 / "이건 입으면 / 몸통이 안 보이지." /

이번에는 / 해진 짚신을 내놓으며 / "이건 신으면 / 발이 안 보이지." /

마지막으로 / 낡은 지팡이를 내놓으며 / "이건 짚으면 / 손이 안 보이지." /

청년은 / 도깨비들이 내놓은 물건들이 너무 허름해서 / 믿을 수가 없었답니다. /

"너희 말을 / 도대체 / 믿을 수가 없으니 / 한번 시험을 해야겠다." /

청년이 / 이렇게 말하면서 / 도깨비들이 내놓은 물건을 / 하나씩 / 몸에 걸쳤어요. / 청년이 / 머리에 감투를 쏙 쓰니까 / 청년의 머리가 / 슝 하고 사라졌지요. / 이번에는 / 몸에 도포를 턱 걸치니까 / 청년의 몸통이 / 슝 하고 사라졌지요. / 또 / 발에 짚신을 척 신으니까 / 청년의 발이 / 슝 하고 사라졌지요. / 마지막으로 / 손에 지팡이를 딱 짚으니까 / 청년의 손이 / 슝 하고 사라졌지요. /

"아니, / 이 사람이 / 방금까지도 여기 있었는데 / 어디로 사라진 거야." /

청년의 모습이 / 갑자기 사라지니까 / 도깨비들이 / 찾는다고 난리가 났지요. /

"옳지, / 이때다." /

청년은 / 도깨비들이 자신을 못 찾는 틈을 타 / 도망을 쳤답니다. / 청년은 / 그길로 내달려서 / 구경거리가 많은 대궐로 갔습니다. /

마침 그날이 / 임금과 신하들이 모여 / 잔치를 하는 날이었지요. / 사람들 눈에 보이지 않는 청년은 / 마음대로 / 음식을 마구 먹었어요. / 갑자기 / 음식이 / 공중으로 날아가서는 슝 하고 사라지니까 / 사람들이 / 모두 놀랐지요. / 그래서 / 한 신하가 / 음식이 날아가는 곳을 향해 / 막대기를 휘둘렀답니다. / 그러니까 / 공중에서 / 지팡이가 툭 떨어지면서 / 청년의 손이 / 쑥 하고 나타났지요. / 신하가 / 바닥을 턱 밟으니까 / 짚신이 벗겨지면서 / 발이 / 쑥 나타났지요. / 이번에는 / 신하가 / 지팡이로 휘두르니까 / 감투가 떨어지면서 / 머리가 / 쑥 나타났지요. /

"아이쿠야, / 저게 / 도대체 / 사람이냐 귀신이냐, / 저 이상한 놈을 잡아라!" /

잔치판에 모여든 사람이 / 모두 달려드니까 / 청년은 / 냅다 도망을 갔답니다. / 그런데 / 도망치다가 / 그만 혼이 빠져 버려서 / 아직까지도 / 도망치고 있다고 하네요. /

5 이야기 지도 알아보기

'이야기 지도'가 무엇인지 알아봅시다

1 | 다음 그림은 무엇인가요?

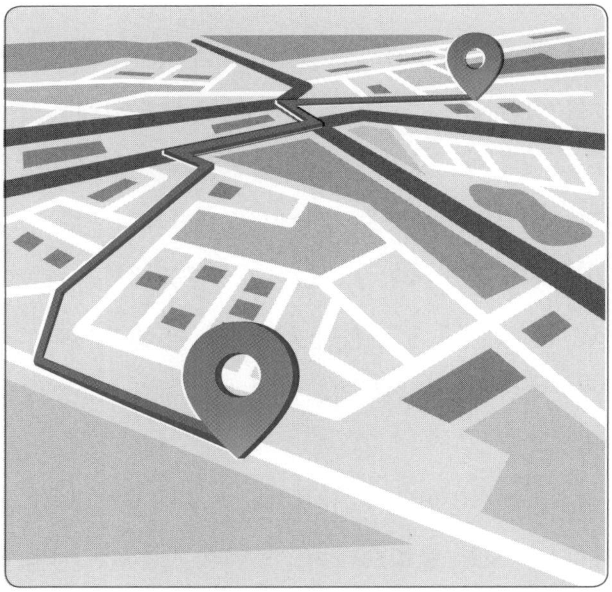

2 | 지도는 우리에게 어떤 도움을 주나요?

3 | 이야기 지도 소개하기: 이야기 지도 구성 요소를 알아봅시다.

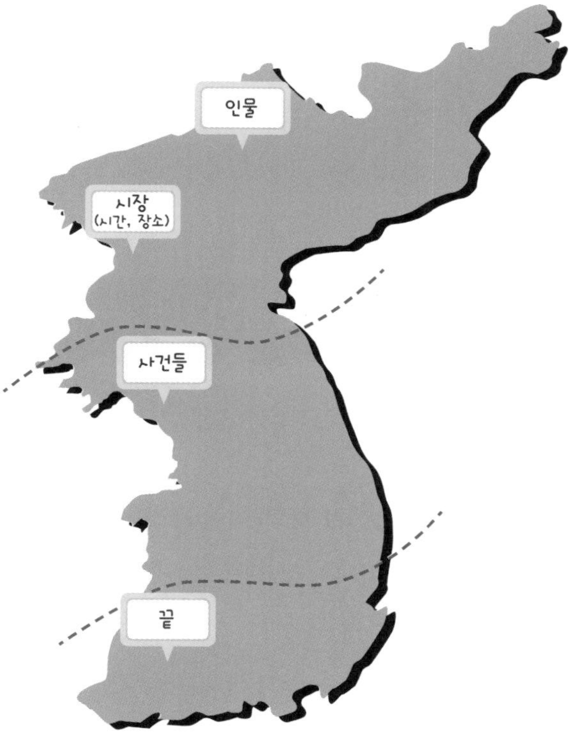

- 지도가 우리가 길을 찾도록 도움을 주는 것처럼, 이야기 지도는 ______________ 사용하는 지도입니다.

- 이야기 지도에는 ____________, ____________, ____________, ____________이 있습니다. 여기서 '인물, 시장, 사건들, 끝'은 기억 전략입니다. 이 기억 전략은 이야기 지도를 잘 기억하는 데 도움을 줍니다.

인물	이야기에 등장하는 ________
시장	이야기가 일어나는 ______ 간과 ______ 소
사건들	인물들에게 일어난 ________
끝	이야기의 ________

- 이야기 지도의 기억 전략인 ____________, ____________, ____________, ____________을 알면, 글의 내용을 잘 이해할 수 있습니다. 이야기를 읽을 때, '인물, 시장, 사건들, 끝'을 기억하도록 합시다.

6 이야기 지도 사용하여 글 읽고 이해하기: 인물, 시장, 사건, 끝을 기억하며 글의 내용 파악하기

'이야기 지도(인물, 시장, 사건, 끝)'를 사용하여 글의 내용을 파악해 봅시다

투명인간

옛날 옛날에 호랑이가 담배 피던 그 옛날의 이야기입니다. 어느 마을에 사는 젊은 청년이 산길을 가다 도깨비를 만났습니다. 청년은 그 마을에서도 제일 기운이 세고 용기가 많은 젊은이였지요.

"이런, 말로만 듣던 도깨비를 여기서 다 만나게 되는구나."

그런데 도깨비를 하나만 만난 게 아니라 자그마치 셋을 한꺼번에 만났답니다. 기운이 세고 용기가 많은 청년이라도 사실 조금은 겁이 났습니다. 그래서 청년은 큰 나무 뒤에 숨어서 도깨비들이 무얼 하는지 지켜보았지요.

"이건 내 거란 말이야, 저리 가!"

"아니야, 그게 어째서 네 것이야, 내 거야, 내 거!"

"전부 웃기지들 마라, 이건 원래부터 내 거였어!"

청년이 살펴보니 도깨비 셋이서 무얼 가지고 싸움을 하고 있었어요. 청년은 왜 싸우는지 너무 궁금해서 자기도 모르게 말을 걸었습니다.

"동에 번쩍 서에 번쩍하는 도깨비 친구들아, 대체 왜 싸우니?"

도깨비들은 스스로 해결하지 못할 것 같아 청년에게 재판을 부탁했어요. 청년이 도깨비들의 설명을 잘 들어보니, 세 명은 같은 형제였지요. 얼마 전에 아버지께서 돌아가시면서 유산을 남겼는데, 그걸 서로 가지려고 싸움이 났다지요.

"유산으로 남긴 게 도대체 어떤 물건인데 그렇게 서로 싸우니?"

그러자 감투를 내놓으며 "이건 머리에 쓰면 머리가 안 보이지."

또 꾀죄죄한 도포를 내놓으며 "이건 입으면 몸통이 안 보이지."

이번에는 해진 짚신을 내놓으며 "이건 신으면 발이 안 보이지."

마지막으로 낡은 지팡이를 내놓으며 "이건 짚으면 손이 안 보이지."

청년은 도깨비들이 내놓은 물건들이 너무 허름해서 믿을 수가 없었답니다.

"너희 말을 도대체 믿을 수가 없으니 한번 시험을 해야겠다."

청년이 이렇게 말하면서 도깨비들이 내놓은 물건을 하나씩 몸에 걸쳤어요. 청년이 머리에 감투를 쏙 쓰니까 청년의 머리가 슝 하고 사라졌지요. 이번에는 몸에 도포를 턱 걸치니까 청년의 몸통이 슝 하고 사라졌지요. 또 발에 짚신을 척 신으니까 청년의 발이 슝 하고 사라졌지요. 마지막으로 손에 지팡이를 딱 짚으니까 청년의 손이 슝 하고 사라졌지요.

"아니, 이 사람이 방금까지도 여기 있었는데 어디로 사라진 거야."

청년의 모습이 갑자기 사라지니까 도깨비들이 찾는다고 난리가 났지요.

"옳지, 이때다."

청년은 도깨비들이 자신을 못 찾는 틈을 타 도망을 쳤답니다. 청년은 그길로 내달려서 구경거리가 많은 대궐로 갔습니다.

마침 그날이 임금과 신하들이 모여 잔치를 하는 날이었지요. 사람들 눈에 보이지 않는 청년은 마음대로 음식을 마구 먹었어요. 갑자기 음식이 공중으로 날아가서는 쓩하고 사라지니까 사람들이 모두 놀랐지요. 그래서 한 신하가 음식이 날아가는 곳을 향해 막대기를 휘둘렀답니다. 그러니까 공중에서 지팡이가 툭 떨어지면서 청년의 손이 쑥 하고 나타났지요. 신하가 바닥을 턱 밟으니까 짚신이 벗겨지면서 발이 쑥 나타났지요. 이번에는 신하가 지팡이로 휘두르니까 감투가 떨어지면서 머리가 쑥 나타났지요.

"아이쿠야, 저게 도대체 사람이냐 귀신이냐, 저 이상한 놈을 잡아라!"

잔치판에 모여든 사람이 모두 달려드니까 청년은 냅다 도망을 갔답니다. 그런데 도망치다가 그만 혼이 빠져 버려서 아직까지도 도망치고 있다고 하네요.

제목: 투명인간

1 인물
이야기에 등장하는 인물은 누구인가요?

2 시간과 장소
언제, 어디에서 일어난 이야기인가요?

시간:

장소:

3 사건들
인물에게 어떤 일들이 일어났나요? 일이 어떠한 차례로 일어났나요?

4 끝
이야기가 어떻게 끝났나요?

7 글의 주제 알기

글의 주제를 알아봅시다

글의 주제는 글쓴이가 읽는 이에게 말하고자 하는 생각 또는 의견입니다. 글의 주제는 '~하자. 해야 한다' 또는 '~하지 말자. 하지 말아야 한다'로 만들 수 있습니다.

'투명인간'을 읽고, 글의 주제를 써 봅시다.

읽기유창성

지시문

앞에 있는 종이에 글이 있어요. 이제 선생님이 "시작"이라고 하면(학생용 평가지의 첫 어절을 손가락으로 가리킨 후, 계속 훑으면서) 처음부터 읽기 시작해서 "그만"이라고 할 때까지 최대한 정확하게, 그리고 최대한 빨리 읽으세요. 글을 읽다가 모르는 글자가 나오면 선생님이 어떻게 해야 할지 알려 줄게요. 최선을 다하세요. 질문 있어요? (질문이 있으면 질문에 대답한다.) 준비, 시작. (학생이 첫 어절을 말함과 동시에 타이머를 누르고 1분간 학생의 반응을 기록한 뒤 1분이 지나면 "그만"이라고 말한다.)

옛날 옛날에 호랑이가 담배 피던 그 옛날의 이야기입니다. 어느 마을에 사는 젊은 청년이 산길을 가다 도깨비를 만났습니다. 청년은 그 마을에서도 제일 기운이 세고 용기가 많은 젊은이였지요.

"이런, 말로만 듣던 도깨비를 여기서 다 만나게 되는구나."

그런데 도깨비를 하나만 만난 게 아니라 자그마치 셋을 한꺼번에 만났답니다. 기운이 세고 용기가 많은 청년이라도 사실 조금은 겁이 났습니다. 그래서 청년은 큰 나무 뒤에 숨어서 도깨비들이 무얼 하는지 지켜보았지요.

"이건 내 거란 말이야, 저리 가!"

"아니야, 그게 어째서 네 것이야, 내 거야, 내 거!"

"전부 웃기지들 마라, 이건 원래부터 내 거였어!"

청년이 살펴보니 도깨비 셋이서 무얼 가지고 싸움을 하고 있었어요. 청년은 왜 싸우는지 너무 궁금해서 자기도 모르게 말을 걸었습니다.

"동에 번쩍 서에 번쩍하는 도깨비 친구들아, 대체 왜 싸우니?"

도깨비들은 스스로 해결하지 못할 것 같아 청년에게 재판을 부탁했어요. 청년이 도깨비들의 설명을 잘 들어보니, 세 명은 같은 형제였지요. 얼마 전에 아버지께서 돌아가시면서 유산을 남겼는데, 그걸 서로 가지려고 싸움이 났다지요.

"유산으로 남긴 게 도대체 어떤 물건인데 그렇게 서로 싸우니?"

그러자 감투를 내놓으며 "이건 머리에 쓰면 머리가 안 보이지."

또 꾀죄죄한 도포를 내놓으며 “이건 입으면 몸통이 안 보이지.”

이번에는 해진 짚신을 내놓으며 “이건 신으면 발이 안 보이지.”

마지막으로 낡은 지팡이를 내놓으며 “이건 짚으면 손이 안 보이지.”

청년은 도깨비들이 내놓은 물건들이 너무 허름해서 믿을 수가 없었답니다.

“너희 말을 도대체 믿을 수가 없으니 한번 시험을 해야겠다.”

청년이 이렇게 말하면서 도깨비들이 내놓은 물건을 하나씩 몸에 걸쳤어요. 청년이 머리에 감투를 쏙 쓰니까 청년의 머리가 슝 하고 사라졌지요. 이번에는 몸에 도포를 턱 걸치니까 청년의 몸통이 슝 하고 사라졌지요. 또 발에 짚신을 척 신으니까 청년의 발이 슝 하고 사라졌지요. 마지막으로 손에 지팡이를 딱 짚으니까 청년의 손이 슝 하고 사라졌지요.

“아니, 이 사람이 방금까지도 여기 있었는데 어디로 사라진 거야.”

청년의 모습이 갑자기 사라지니까 도깨비들이 찾는다고 난리가 났지요.

“옳지, 이때다.”

청년은 도깨비들이 자신을 못 찾는 틈을 타 도망을 쳤답니다. 청년은 그길로 내달려서 구경거리가 많은 대궐로 갔습니다.

마침 그날이 임금과 신하들이 모여 잔치를 하는 날이었지요. 사람들 눈에 보이지 않는 청년은 마음대로 음식을 마구 먹었어요. 갑자기 음식이 공중으로 날아가서는 슝 하고 사라지니까 사람들이 모두 놀랐지요. 그래서 한 신하가 음식이 날아가는 곳을 향해 막대기를 휘둘렀답니다. 그러니까 공중에서 지팡이가 툭 떨어지면서 청년의 손이 쑥 하고 나타났지요. 신하가 바닥을 턱 밟으니까 짚신이 벗겨지면서 발이 쑥 나타났지요. 이번에는 신하가 지팡이로 휘두르니까 감투가 떨어지면서 머리가 쑥 나타났지요.

“아이쿠야, 저게 도대체 사람이냐 귀신이냐, 저 이상한 놈을 잡아라!”

잔치판에 모여든 사람이 모두 달려드니까 청년은 냅다 도망을 갔답니다. 그런데 도망치다가 그만 혼이 빠져 버려서 아직까지도 도망치고 있다고 하네요.

읽기유창성 점수: ____________

▶ 사전평가와 사후평가의 지문은 학지사 홈페이지(http://www.hakjisa.co.kr)에서 내려받을 수 있습니다.

사 ◇ 후 ◇ 평 ◇ 가

읽기이해

다음 질문에 최대한 자세히 답을 써 주세요.

(※ 쓰는 것이 어려운 학생의 경우, 구두로 답하도록 하세요.)

1 이야기에 나오는 중심인물은 누구인가요? 두 인물을 써 보세요.

2 언제, 어디에서 있었던 일인가요?

1) 언제:

2) 어디서:

3 도깨비들이 싸운 까닭은 무엇일까요?

4 청년이 왜 도깨비들의 말을 믿지 못하였나요?

5 도깨비 아버지가 남긴 유산을 몸에 걸치면 어떻게 되나요?

6 청년이 시험해 보고 싶었던 것이 무엇일까요?

7 이야기에 나오는 청년은 어떤 사람일까요? 그것을 어떻게 알 수 있는지 글에서 찾아 써 보세요.

1) 청년은 어떤 사람일까요?

2) 그것을 어떻게 알 수 있나요?

2. 과거에 급제한 바보

학 ◇ 습 ◇ 목 ◇ 표

- 글을 읽을 때, 적당한 부분에서 글을 빠르고 정확하게 끊어 읽을 수 있다.
- 글을 읽고, 글의 중심내용과 글의 주제를 파악할 수 있다.

사 ◇ 전 ◇ 평 ◇ 가

지시문

앞에 있는 종이에 글이 있어요. 이제 선생님이 "시작"이라고 하면(학생용 평가지의 첫 어절을 손가락으로 가리킨 후, 계속 훑으면서) 처음부터 읽기 시작해서 "그만"이라고 할 때까지 최대한 정확하게, 그리고 최대한 빨리 읽으세요. 글을 읽다가 모르는 글자가 나오면 선생님이 어떻게 해야 할지 알려 줄게요. 최선을 다하세요. 질문 있어요? (질문이 있으면 질문에 대답한다.) 준비, 시작. (학생이 첫 어절을 말함과 동시에 타이머를 누르고 1분간 학생의 반응을 기록한 뒤 1분이 지나면 "그만"이라고 말한다.)

옛날 옛적에 어느 마을에 참 어수룩하고 고지식한 아이가 살았습니다. 마을 사람들은 이 아이가 너무 고지식해서 바보라고 부를 정도였지요. 누가 무슨 일을 시키면 시킨 그대로만 할 줄 알았답니다. 그래서 사람들은 말귀를 못 알아듣는 이 아이를 무시하기 일쑤였어요. 하지만 이 아이의 아버지만큼은 아이의 모습을 있는 그대로 받아들였답니다.

하루는 아이 옷에 벌레 한 마리가 붙어 기어 다녔습니다. 그런데도 벌레를 어떻게 해야 할지 몰라 가만히 보고만 있었지요. 그걸 옆에서 보고 있던 아이 아버지가 아이에게 이렇게 가르쳤답니다.

"얘야, 벌레가 옷에 붙으면 손으로 탁 때려서 잡는 법이란다."

아이는 아버지의 소중한 가르침을 마음 깊숙한 곳에 잘 새겨두었지요.

며칠 뒤에 아이는 아버지 등에 파리가 앉은 걸 보았습니다. 아이는 아버지가 일러주신 대로 파리가 붙은 곳을 손바닥으로 때렸지요. 어찌나 아프게 후려쳤던지 등에 손바닥 자국이 날 정도였어요. 잠자던 아버지가 기겁하고 일어났지만 절대 화를 내지 않았답니다. 보통 어른 같았으면 아무리 자기 아들이라고 해도 화를 냈겠지요.

"얘야, 그럴 때는 부채로 살랑살랑 바람을 내어 쫓는 법이란다."

아이는 이번에도 아버지의 소중한 가르침을 마음 깊이 잘 새겨두었습니다.

며칠 뒤 이웃집에 큰불이 나서 사람들이 많이 모였습니다. 아이도 어른들 옆에서 지켜보니 불 속에 검은 불티가 날아다녔지요. 아이는 그게 파리 날아다니는 것처럼 보였는지 부채로 살랑살랑 부쳤답니다. 아버지 가르침대로 부채로 살랑살랑 부쳐서 파리를 쫓아내고 싶었던 거였지요. 말 그대로 불난 집에 부채질을 하였으니 사람들에게 혼이 났습니다. 하지만 이번에도 아버지는 화를 내지 않고 좋은 말로 타일렀습니다.

"얘야, 불이 났을 때는 물을 길어 와서 끼얹는 법이란다."

아이는 이번에도 아버지의 소중한 가르침을 마음 깊이 잘 새겨두었습니다.

며칠 뒤에 아이가 이웃집을 지나가다 아궁이에 있는 불을 보았습니다. 이웃집에서 저녁밥을 짓기 위해서 아궁이에 불을 때고 있던 거였지요.

'아니, 저기 불이 났으니 아버지 말씀대로 빨리 물을 길어와야겠다.'

아이는 이렇게 생각하고는 물을 길어와 부엌 아궁이에 물을 끼얹었답니다. 저녁밥을 짓는 아궁이에 물을 끼얹었으니 주인은 노발대발 난리가 났습니다. 이웃집 주인은 당장 아이와 아이 아버지를 불러 욕을 해댔습니다. 하지만 아이 아버지는 그 꼴을 보고서도 허허 웃으면서 말했습니다.

"얘야, 너처럼 하기도 쉽지 않으니 남이 없는 재주를 가졌구나."

저녁밥을 짓던 이웃집 주인은 이 모습을 보고는 어이없어 했답니다.

아이 아버지는 이 날부터 아들을 앉혀놓고 글을 부지런히 가르쳤습니다. 아이는 잠시라도 한눈을 팔지 않고 매일 부지런히 글공부를 하였지요. 절대 아버지 말을 흘려듣지 않고 마음 깊이 새겼습니다. 몇 해가 지나니까 더 이상 배울 글공부가 없을 정도였답니다. 그래서 과거를 보았는데, 남들은 수차례 떨어지는 과거를 한 번에 붙었습니다. 사람들이 바보라고 놀리던 아이가 과거 급제를 하였으니 마을 사람들 모두 깜짝 놀랐지요.

옛날부터 전해오는 중국 이야기에도 이와 비슷한 이야기가 하나 있습니다. 어리석은 사람이 산을 옮긴다 하는 '우공이산'이라는 고사성어가 바로 그것이지요. 남들 눈에는 바보처럼 보여도 꾸준히 하면 무엇이든지 해낼 수 있답니다.

읽기유창성 점수: ____________

▶ 사전평가와 사후평가의 지문은 학지사 홈페이지(http://www.hakjisa.co.kr)에서 내려받을 수 있습니다.

1 단어를 빠르고 정확하게 읽기

다음 단어를 바르게 읽어 봅시다

어수룩하고	고지식한
말귀를	일쑤였어요
쫓는	길어와야겠다
부쳤답니다	끼얹었답니다
난리가	앉혀놓고
급제를	고사성어가

▶ 이 페이지의 내용은 복사하거나 학지사 홈페이지(http://www.hakjisa.co.kr)에서 내려받아 사용하세요!

다음 단어들을 빠르고 정확하게 읽어 봅시다

어수룩하고	고지식한	말귀를	일쑤였어요	좇는
길어와야겠다	부쳤답니다	끼얹었답니다	난리가	앉혀놓고
급제를	고사성어가	어수룩하고	고지식한	말귀를
일쑤였어요	좇는	길어와야겠다	부쳤답니다	끼얹었답니다
난리가	앉혀놓고	급제를	고사성어가	어수룩하고
고지식한	말귀를	일쑤였어요	좇는	길어와야겠다
부쳤답니다	끼얹었답니다	난리가	앉혀놓고	급제를
고사성어가	어수룩하고	고지식한	말귀를	일쑤였어요
좇는	길어와야겠다	부쳤답니다	끼얹었답니다	난리가
앉혀놓고	급제를	고사성어가	어수룩하고	고지식한
말귀를	일쑤였어요	좇는	길어와야겠다	부쳤답니다

▶ 이 페이지의 내용은 복사하거나 학지사 홈페이지(http://www.hakjisa.co.kr)에서 내려받아 사용하세요!

2 어휘의 뜻 알아보기

다음 단어를 알아봅시다

예시문을 읽고, 내가 생각하는 단어의 뜻을 써 봅시다.

______

올바른 단어의 뜻을 써 봅시다.

______

정의

고지식하다

예시문 옛날 옛적에 어느 마을에 참 어수룩하고 고지식한 아이가 살았습니다.

비슷한 말

- ______
- ______
- ______

문장 만들기

비슷한 말을 넣어서 문장을 완성해 봅시다.

옛날 옛적에 어느 마을에 참 어수룩하고 ______ 아이가 살았습니다.

새로운 문장을 만들어 써 봅시다.

______

도전문제

어떤 사람을 '고지식한' 사람이라고 부르나요?

______

______

예시문을 읽고, 내가 생각하는 단어의 뜻을 써 봅시다.

올바른 단어의 뜻을 써 봅시다.

정의

무시하다

예시문 그래서 사람들은 말귀를 못 알아듣는 이 아이를 무시하기 일쑤였어요.

비슷한 말

-
-
-

반대말

-
-
-

문장 만들기

비슷한 말을 넣어서 문장을 완성해 봅시다.

그래서 사람들은 말귀를 못 알아듣는 이 아이를 ________ 일쑤였어요.

새로운 문장을 만들어 써 봅시다.

도전문제

누군가에게 무시를 당하면 어떤 기분이 들까요?

예시문을 읽고, 내가 생각하는 단어의 뜻을 써 봅시다.

____

올바른 단어의 뜻을 써 봅시다.

____

정의

기겁하다

예시문 잠자던 아버지가 기겁하고 일어났지만 절대 화를 내지 않았답니다.

문장 만들기

새로운 문장을 만들어 써 봅시다.

____

도전문제

무언가를 보고 기겁했을 때, 어떤 행동을 하게 되나요?

____

____

예시문을 읽고, 내가 생각하는 단어의 뜻을 써 봅시다.

올바른 단어의 뜻을 써 봅시다.

정의

끼얹다

예시문 얘야, 불이 났을 때는 물을 길어 와서 끼얹는 법이란다.

비슷한 말

- ______
- ______
- ______

문장 만들기

비슷한 말을 넣어서 문장을 완성해 봅시다.

얘야, 불이 났을 때는 물을 길어 와서 ______ 법이란다.

새로운 문장을 만들어 써 봅시다.

도전문제

눈이 오면 길에 왜 소금을 끼얹을까요?

예시문을 읽고, 내가 생각하는 단어의 뜻을 써 봅시다.

올바른 단어의 뜻을 써 봅시다.

정의

어이없다

비슷한 말

-
-
-

예시문 저녁밥을 짓던 이웃집 주인은 이 모습을 보고는 어이없어 했답니다.

문장 만들기

비슷한 말을 넣어서 문장을 완성해 봅시다.

저녁밥을 짓던 이웃집 주인은 이 모습을 보고는 ________ 했답니다.

새로운 문장을 만들어 써 봅시다.

도전문제

어이없을 때는 주로 어떤 표정을 짓나요?

예시문을 읽고, 내가 생각하는 단어의 뜻을 써 봅시다.

______

올바른 단어의 뜻을 써 봅시다.

______

정의

과거

예시문 그래서 과거를 보았는데, 남들은 수차례 떨어지는 과거를 한 번에 붙었습니다.

비슷한 말

- ______
- ______
- ______

문장 만들기

비슷한 말을 넣어서 문장을 완성해 봅시다.

그래서 ______를 보았는데, 남들은 수차례 떨어지는 과거를 한 번에 붙었습니다.

새로운 문장을 만들어 써 봅시다.

______

도전문제

다음 문장을 완성해 보세요.

내가 조선시대로 가서 과거를 본다면, ______.

______

______

다음 네 개의 단어 중, 다른 뜻을 지닌 단어 하나를 골라 × 표시하세요.

1

보기

무시하다 경시하다 존경하다 멸시하다

왜 해당 단어에 × 표시를 하였나요?

2

보기

고지식하다 융통성 있다 답답하다 우직하다

왜 해당 단어에 × 표시를 하였나요?

3

보기

어이없다 놀랍다 어처구니없다 어여쁘다

왜 해당 단어에 × 표시를 하였나요?

3 어구를 빠르고 정확하게 읽기

다음 어구를 바르게 읽어 봅시다

참 어수룩하고 고지식한 아이가	말귀를 못 알아듣는 이 아이를
벌레를 어떻게 해야 할지 몰라	아버지가 일러주신 대로
어찌나 아프게 후려쳤던지	아무리 자기 아들이라고 해도
파리를 쫓아내고 싶었던 거였지요	아궁이에 있는 불을 보았습니다
너처럼 하기도 쉽지 않으니	남이 없는 재주를 가졌구나
더 이상 배울 글공부가	남들은 수차례 떨어지는 과거를
'우공이산'이라는 고사성어가	무엇이든지 해낼 수 있답니다

▶ 이 페이지의 내용은 복사하거나 학지사 홈페이지(http://www.hakjisa.co.kr)에서 내려받아 사용하세요!

다음 어구/절들을 빠르고 정확하게 읽어 봅시다

참 어수룩하고 고지식한 아이가	말귀를 못 알아듣는 이 아이를	벌레를 어떻게 해야 할지 몰라
아버지가 일러주신 대로	어찌나 아프게 후려쳤던지	아무리 자기 아들이라고 해도
파리를 쫓아내고 싶었던 거였지요	아궁이에 있는 불을 보았습니다	너처럼 하기도 쉽지 않으니
남이 없는 재주를 가졌구나	더 이상 배울 글공부가	남들은 수차례 떨어지는 과거를
‘우공이산’이라는 고사성어가	무엇이든지 해낼 수 있답니다	참 어수룩하고 고지식한 아이가
말귀를 못 알아듣는 이 아이를	벌레를 어떻게 해야 할지 몰라	아버지가 일러주신 대로
어찌나 아프게 후려쳤던지	아무리 자기 아들이라고 해도	파리를 쫓아내고 싶었던 거였지요
아궁이에 있는 불을 보았습니다	너처럼 하기도 쉽지 않으니	남이 없는 재주를 가졌구나
더 이상 배울 글공부가	남들은 수차례 떨어지는 과거를	‘우공이산’이라는 고사성어가
무엇이든지 해낼 수 있답니다	참 어수룩하고 고지식한 아이가	말귀를 못 알아듣는 이 아이를
벌레를 어떻게 해야 할지 몰라	아버지가 일러주신 대로	어찌나 아프게 후려쳤던지
아무리 자기 아들이라고 해도	파리를 쫓아내고 싶었던 거였지요	아궁이에 있는 불을 보았습니다
너처럼 하기도 쉽지 않으니	남이 없는 재주를 가졌구나	더 이상 배울 글공부가
남들은 수차례 떨어지는 과거를	‘우공이산’이라는 고사성어가	무엇이든지 해낼 수 있답니다
참 어수룩하고 고지식한 아이가	말귀를 못 알아듣는 이 아이를	벌레를 어떻게 해야 할지 몰라
아버지가 일러주신 대로	어찌나 아프게 후려쳤던지	아무리 자기 아들이라고 해도
파리를 쫓아내고 싶었던 거였지요	아궁이에 있는 불을 보았습니다	너처럼 하기도 쉽지 않으니
남이 없는 재주를 가졌구나	더 이상 배울 글공부가	남들은 수차례 떨어지는 과거를
‘우공이산’이라는 고사성어가	무엇이든지 해낼 수 있답니다	참 어수룩하고 고지식한 아이가

▶ 이 페이지의 내용은 복사하거나 학지사 홈페이지(http://www.hakjisa.co.kr)에서 내려받아 사용하세요!

4 글을 빠르고 정확하게 읽기

다음 글을 / 표시된 곳에서 끊어 읽어 봅시다. 읽을 때 빠르고 정확하게 읽도록 합시다

옛날 옛적에 / 어느 마을에 / 참 어수룩하고 고지식한 아이가 / 살았습니다. / 마을 사람들은 / 이 아이가 너무 고지식해서 / 바보라고 부를 정도였지요. / 누가 무슨 일을 시키면 / 시킨 그대로만 할 줄 알았답니다. / 그래서 / 사람들은 / 말귀를 못 알아듣는 이 아이를 / 무시하기 일쑤였어요. / 하지만 / 이 아이의 아버지만큼은 / 아이의 모습을 / 있는 그대로 / 받아들였답니다. /

하루는 / 아이 옷에 / 벌레 한 마리가 / 붙어 기어 다녔습니다. / 그런데도 / 벌레를 어떻게 해야 할지 몰라 / 가만히 보고만 있었지요. / 그걸 옆에서 보고 있던 아이 아버지가 / 아이에게 이렇게 가르쳤답니다. /

"얘야, / 벌레가 옷에 붙으면 / 손으로 탁 때려서 / 잡는 법이란다." /

아이는 / 아버지의 소중한 가르침을 / 마음 깊숙한 곳에 / 잘 새겨두었지요. /

며칠 뒤에 / 아이는 / 아버지 등에 / 파리가 앉은 걸 보았습니다. / 아이는 / 아버지가 일러주신 대로 / 파리가 붙은 곳을 / 손바닥으로 / 때렸지요. / 어찌나 아프게 후려쳤던지 / 등에 / 손바닥 자국이 / 날 정도였어요. / 잠자던 아버지가 / 기겁하고 일어났지만 / 절대 화를 내지 않았답니다. / 보통 어른 같았으면 / 아무리 자기 아들이라고 해도 / 화를 냈겠지요. /

"얘야, / 그럴 때는 / 부채로 살랑살랑 바람을 내어 / 쫓는 법이란다." /

아이는 / 이번에도 / 아버지의 소중한 가르침을 / 마음 깊이 / 잘 새겨두었습니다. /

며칠 뒤 / 이웃집에 / 큰불이 나서 / 사람들이 / 많이 모였습니다. / 아이도 / 어른들 옆에서 지켜보니 / 불 속에 / 검은 불티가 / 날아다녔지요. / 아이는 / 그게 / 파리 날아다니는 것처럼 보였는지 / 부채로 살랑살랑 부쳤답니다. / 아버지 가르침대로 / 부채로 살랑살랑 부쳐서 / 파리를 쫓아내고 싶었던 거였지요. / 말 그대로 / 불난 집에 부채질을 하였으니 / 사람들에게 / 혼이 났습니다. / 하지만 / 이번에도 / 아버지는 / 화를 내지 않고 / 좋은 말로 타일렀습니다. /

"얘야, / 불이 났을 때는 / 물을 길어 와서 / 끼얹는 법이란다." /

아이는 / 이번에도 / 아버지의 소중한 가르침을 / 마음 깊이 / 잘 새겨두었습니다. /

며칠 뒤에 / 아이가 / 이웃집을 지나가다 / 아궁이에 있는 불을 보았습니다. / 이웃집에서 / 저녁밥을 짓기 위해서 / 아궁이에 / 불을 때고 있던 거였지요. /

'아니, / 저기 불이 났으니 / 아버지 말씀대로 / 빨리 물을 길어와야겠다.' /

아이는 / 이렇게 생각하고는 / 물을 길어와 / 부엌 아궁이에 / 물을 끼얹었답니다. /

저녁밥을 짓는 아궁이에 / 물을 끼얹었으니 / 주인은 / 노발대발 난리가 났습니다. / 이웃집 주인은 / 당장 / 아이와 아이 아버지를 불러 / 욕을 해댔습니다. / 하지만 / 아이 아버지는 / 그 꼴을 보고서도 / 허허 웃으면서 말했습니다. /

"얘야, / 너처럼 하기도 쉽지 않으니 / 남이 없는 재주를 가졌구나." /

저녁밥을 짓던 이웃집 주인은 / 이 모습을 보고는 / 어이없어 했답니다. /

아이 아버지는 / 이 날부터 / 아들을 앉혀놓고 / 글을 부지런히 가르쳤습니다. / 아이는 / 잠시라도 / 한눈을 팔지 않고 / 매일 부지런히 / 글공부를 하였지요. / 절대 / 아버지 말을 흘려듣지 않고 / 마음 깊이 / 새겼습니다. / 몇 해가 지나니까 / 더 이상 배울 글공부가 / 없을 정도였답니다. / 그래서 / 과거를 보았는데, / 남들은 수차례 떨어지는 과거를 / 한 번에 / 붙었습니다. / 사람들이 바보라고 놀리던 아이가 / 과거 급제를 하였으니 / 마을 사람들 모두 / 깜짝 놀랐지요. /

옛날부터 전해오는 중국 이야기에도 / 이와 비슷한 이야기가 / 하나 있습니다. / 어리석은 사람이 / 산을 옮긴다 하는 / '우공이산'이라는 고사성어가 / 바로 그것이지요. / 남들 눈에는 / 바보처럼 보여도 / 꾸준히 하면 / 무엇이든지 해낼 수 있답니다. /

6 이야기 지도 사용하여 글 읽고 이해하기: 인물, 시장, 사건, 끝을 기억하며 글의 내용 파악하기

'이야기 지도(인물, 시장, 사건, 끝)'를 사용하여 글의 내용을 파악해 봅시다

과거에 급제한 바보

옛날 옛적에 어느 마을에 참 어수룩하고 고지식한 아이가 살았습니다. 마을 사람들은 이 아이가 너무 고지식해서 바보라고 부를 정도였지요. 누가 무슨 일을 시키면 시킨 그대로만 할 줄 알았답니다. 그래서 사람들은 말귀를 못 알아듣는 이 아이를 무시하기 일쑤였어요. 하지만 이 아이의 아버지만큼은 아이의 모습을 있는 그대로 받아들였답니다.

하루는 아이 옷에 벌레 한 마리가 붙어 기어 다녔습니다. 그런데도 벌레를 어떻게 해야 할지 몰라 가만히 보고만 있었지요. 그걸 옆에서 보고 있던 아이 아버지가 아이에게 이렇게 가르쳤답니다.

"얘야, 벌레가 옷에 붙으면 손으로 탁 때려서 잡는 법이란다."

아이는 아버지의 소중한 가르침을 마음 깊숙한 곳에 잘 새겨두었지요.

며칠 뒤에 아이는 아버지 등에 파리가 앉은 걸 보았습니다. 아이는 아버지가 일러주신 대로 파리가 붙은 곳을 손바닥으로 때렸지요. 어찌나 아프게 후려쳤던지 등에 손바닥 자국이 날 정도였어요. 잠자던 아버지가 기겁하고 일어났지만 절대 화를 내지 않았답니다. 보통 어른 같았으면 아무리 자기 아들이라고 해도 화를 냈겠지요.

"얘야, 그럴 때는 부채로 살랑살랑 바람을 내어 쫓는 법이란다."

아이는 이번에도 아버지의 소중한 가르침을 마음 깊이 잘 새겨두었습니다.

며칠 뒤 이웃집에 큰불이 나서 사람들이 많이 모였습니다. 아이도 어른들 옆에서 지

켜보니 불 속에 검은 불티가 날아다녔지요. 아이는 그게 파리 날아다니는 것처럼 보였는지 부채로 살랑살랑 부쳤답니다. 아버지 가르침대로 부채로 살랑살랑 부쳐서 파리를 쫓아내고 싶었던 거였지요. 말 그대로 불난 집에 부채질을 하였으니 사람들에게 혼이 났습니다. 하지만 이번에도 아버지는 화를 내지 않고 좋은 말로 타일렀습니다.

"얘야, 불이 났을 때는 물을 길어 와서 끼얹는 법이란다."

아이는 이번에도 아버지의 소중한 가르침을 마음 깊이 잘 새겨두었습니다.

며칠 뒤에 아이가 이웃집을 지나가다 아궁이에 있는 불을 보았습니다. 이웃집에서 저녁밥을 짓기 위해서 아궁이에 불을 때고 있던 거였지요.

'아니, 저기 불이 났으니 아버지 말씀대로 빨리 물을 길어와야겠다.'

아이는 이렇게 생각하고는 물을 길어와 부엌 아궁이에 물을 끼얹었답니다. 저녁밥을 짓는 아궁이에 물을 끼얹었으니 주인은 노발대발 난리가 났습니다. 이웃집 주인은 당장 아이와 아이 아버지를 불러 욕을 해댔습니다. 하지만 아이 아버지는 그 꼴을 보고서도 허허 웃으면서 말했습니다.

"얘야, 너처럼 하기도 쉽지 않으니 남이 없는 재주를 가졌구나."

저녁밥을 짓던 이웃집 주인은 이 모습을 보고는 어이없어 했답니다.

아이 아버지는 이 날부터 아들을 앉혀놓고 글을 부지런히 가르쳤습니다. 아이는 잠시라도 한눈을 팔지 않고 매일 부지런히 글공부를 하였지요. 절대 아버지 말을 흘려듣지 않고 마음 깊이 새겼습니다. 몇 해가 지나니까 더 이상 배울 글공부가 없을 정도였답니다. 그래서 과거를 보았는데, 남들은 수차례 떨어지는 과거를 한 번에 붙었습니다. 사람들이 바보라고 놀리던 아이가 과거 급제를 하였으니 마을 사람들 모두 깜짝 놀랐지요.

옛날부터 전해오는 중국 이야기에도 이와 비슷한 이야기가 하나 있습니다. 어리석은 사람이 산을 옮긴다 하는 '우공이산'이라는 고사성어가 바로 그것이지요. 남들 눈에는 바보처럼 보여도 꾸준히 하면 무엇이든지 해낼 수 있답니다.

제목: 과거에 급제한 바보

1 인물 이야기에 등장하는 인물은 누구인가요?

2 시간과 장소 언제, 어디에서 일어난 이야기인가요?

시간:

장소:

3 사건들 인물에게 어떤 일들이 일어났나요? 일이 어떠한 차례로 일어났나요?

4 끝 이야기가 어떻게 끝났나요?

7 글의 주제 알기

글의 주제를 알아봅시다

글의 주제는 글쓴이가 읽는 이에게 말하고자 하는 생각 또는 의견입니다. 글의 주제는 '~하자. 해야 한다' 또는 '~하지 말자. 하지 말아야 한다'로 만들 수 있습니다.

'과거에 급제한 바보'를 읽고, 글의 주제를 써 봅시다.

읽기유창성

지시문

앞에 있는 종이에 글이 있어요. 이제 선생님이 "시작"이라고 하면(학생용 평가지의 첫 어절을 손가락으로 가리킨 후, 계속 훑으면서) 처음부터 읽기 시작해서 "그만"이라고 할 때까지 최대한 정확하게, 그리고 최대한 빨리 읽으세요. 글을 읽다가 모르는 글자가 나오면 선생님이 어떻게 해야 할지 알려 줄게요. 최선을 다하세요. 질문 있어요? (질문이 있으면 질문에 대답한다.) 준비, 시작. (학생이 첫 어절을 말함과 동시에 타이머를 누르고 1분간 학생의 반응을 기록한 뒤 1분이 지나면 "그만"이라고 말한다.)

옛날 옛적에 어느 마을에 참 어수룩하고 고지식한 아이가 살았습니다. 마을 사람들은 이 아이가 너무 고지식해서 바보라고 부를 정도였지요. 누가 무슨 일을 시키면 시킨 그대로만 할 줄 알았답니다. 그래서 사람들은 말귀를 못 알아듣는 이 아이를 무시하기 일쑤였어요. 하지만 이 아이의 아버지만큼은 아이의 모습을 있는 그대로 받아들였답니다.

하루는 아이 옷에 벌레 한 마리가 붙어 기어 다녔습니다. 그런데도 벌레를 어떻게 해야 할지 몰라 가만히 보고만 있었지요. 그걸 옆에서 보고 있던 아이 아버지가 아이에게 이렇게 가르쳤답니다.

"얘야, 벌레가 옷에 붙으면 손으로 탁 때려서 잡는 법이란다."

아이는 아버지의 소중한 가르침을 마음 깊숙한 곳에 잘 새겨두었지요.

며칠 뒤에 아이는 아버지 등에 파리가 앉은 걸 보았습니다. 아이는 아버지가 일러주신 대로 파리가 붙은 곳을 손바닥으로 때렸지요. 어찌나 아프게 후려쳤던지 등에 손바닥 자국이 날 정도였어요. 잠자던 아버지가 기겁하고 일어났지만 절대 화를 내지 않았답니다. 보통 어른 같았으면 아무리 자기 아들이라고 해도 화를 냈겠지요.

"얘야, 그럴 때는 부채로 살랑살랑 바람을 내어 쫓는 법이란다."

아이는 이번에도 아버지의 소중한 가르침을 마음 깊이 잘 새겨두었습니다.

며칠 뒤 이웃집에 큰불이 나서 사람들이 많이 모였습니다. 아이도 어른들 옆에서 지켜보니 불속에 검은 불티가 날아다녔지요. 아이는 그게 파리 날아다니는 것처럼 보였는지 부채로 살랑살랑 부쳤답니다. 아버지 가르침대로 부채로 살랑살랑 부쳐서 파리를 쫓아내고 싶었던 거였지요. 말

그대로 불난 집에 부채질을 하였으니 사람들에게 혼이 났습니다. 하지만 이번에도 아버지는 화를 내지 않고 좋은 말로 타일렀습니다.

"얘야, 불이 났을 때는 물을 길어 와서 끼얹는 법이란다."

아이는 이번에도 아버지의 소중한 가르침을 마음 깊이 잘 새겨두었습니다.

며칠 뒤에 아이가 이웃집을 지나가다 아궁이에 있는 불을 보았습니다. 이웃집에서 저녁밥을 짓기 위해서 아궁이에 불을 때고 있던 거였지요.

'아니, 저기 불이 났으니 아버지 말씀대로 빨리 물을 길어와야겠다.'

아이는 이렇게 생각하고는 물을 길어와 부엌 아궁이에 물을 끼얹었답니다. 저녁밥을 짓는 아궁이에 물을 끼얹었으니 주인은 노발대발 난리가 났습니다. 이웃집 주인은 당장 아이와 아이 아버지를 불러 욕을 해댔습니다. 하지만 아이 아버지는 그 꼴을 보고서도 허허 웃으면서 말했습니다.

"얘야, 너처럼 하기도 쉽지 않으니 남이 없는 재주를 가졌구나."

저녁밥을 짓던 이웃집 주인은 이 모습을 보고는 어이없어 했답니다.

아이 아버지는 이 날부터 아들을 앉혀놓고 글을 부지런히 가르쳤습니다. 아이는 잠시라도 한눈을 팔지 않고 매일 부지런히 글공부를 하였지요. 절대 아버지 말을 흘려듣지 않고 마음 깊이 새겼습니다. 몇 해가 지나니까 더 이상 배울 글공부가 없을 정도였답니다. 그래서 과거를 보았는데, 남들은 수차례 떨어지는 과거를 한 번에 붙었습니다. 사람들이 바보라고 놀리던 아이가 과거 급제를 하였으니 마을 사람들 모두 깜짝 놀랐지요.

옛날부터 전해오는 중국 이야기에도 이와 비슷한 이야기가 하나 있습니다. 어리석은 사람이 산을 옮긴다 하는 '우공이산'이라는 고사성어가 바로 그것이지요. 남들 눈에는 바보처럼 보여도 꾸준히 하면 무엇이든지 해낼 수 있답니다.

읽기유창성 점수: ________

▶ 사전평가와 사후평가의 지문은 학지사 홈페이지(http://www.hakjisa.co.kr)에서 내려받을 수 있습니다.

사 ◇ 후 ◇ 평 ◇ 가

읽기이해

다음 질문에 최대한 자세히 답을 써 주세요.

(※ 쓰는 것이 어려운 학생의 경우, 구두로 답하도록 하세요.)

1 이야기에 나오는 중심인물은 누구인가요? 모두 써 보세요.

2 언제, 어디에서 있었던 일인가요?

1) 언제:

2) 어디서:

3 마을 사람들이 아이를 왜 바보라고 불렀나요?

4 아이가 무슨 일이든 시키는 대로 했다는 것을 어떻게 알 수 있나요?

5 아버지는 아들의 어떤 점을 좋아하였나요?

6 마을 사람들이 왜 깜짝 놀랐나요?

7 우리도 어떤 일이든 좋은 결과를 얻으려면 어떻게 해야 할까요? 그것을 어떻게 알 수 있는지 글에서 찾아 써 보세요.

1) 어떻게 해야 할까요?

2) 그것을 어떻게 알 수 있나요?

3. 나비가 된 처녀와 총각

학 ◇ 습 ◇ 목 ◇ 표

- 글을 읽을 때, 적당한 부분에서 글을 빠르고 정확하게 끊어 읽을 수 있다.
- 글을 읽고, 글의 중심내용과 글의 주제를 파악할 수 있다.

사 ◇ 전 ◇ 평 ◇ 가

지시문

앞에 있는 종이에 글이 있어요. 이제 선생님이 "시작"이라고 하면(학생용 평가지의 첫 어절을 손가락으로 가리킨 후, 계속 훑으면서) 처음부터 읽기 시작해서 "그만"이라고 할 때까지 최대한 정확하게, 그리고 최대한 빨리 읽으세요. 글을 읽다가 모르는 글자가 나오면 선생님이 어떻게 해야 할지 알려 줄게요. 최선을 다하세요. 질문 있어요? (질문이 있으면 질문에 대답한다.) 준비, 시작. (학생이 첫 어절을 말함과 동시에 타이머를 누르고 1분간 학생의 반응을 기록한 뒤 1분이 지나면 "그만"이라고 말한다.)

옛날 옛날 어느 마을에 마음씨 고운 처녀가 살았습니다. 처녀는 어린 나이에 어머니를 여의고 아버지와 오빠와 함께 살았지요. 어머니가 없는 집안에 여자가 처녀뿐이니 집안일을 모두 도맡아 했답니다. 물 길어 밥하기와 청소하기, 빨래하기는 물론 계절마다 옷까지 만들었습니다. 그러니 바깥 구경을 하는 건 물 길으러 갈 때뿐이었지요.

하루는 처녀가 혼자 물동이를 이고 우물에 물을 길으러 갔습니다. 그런데 그 마을 부잣집에서 머슴살이하는 총각을 우물가에서 딱 마주쳤지요. 총각도 물지게를 지고 물을 길으러 왔다가 처녀를 만나게 되었어요. 처녀와 총각은 이것저것 도와주면서 서로에게 마음이 쏙 끌려 버렸답니다. 하루가 멀다 하고 둘은 우물가에서 만나 깊은 정을 쌓았어요. 그래서 처녀와 총각은 결혼을 하기로 서로 굳은 약속을 했답니다.

그러던 어느 하루 처녀가 아파서 우물가에 못 나가게 되었습니다. 총각은 처녀가 나오지 않자 걱정이 돼서 처녀의 집까지 찾아갔지요. 하지만 집 안으로는 차마 못 들어가고 밖에서만 기웃기웃 넘겨봤어요.

"처녀가 사는 집을 감히 머슴 주제에 기웃거리다니 썩 꺼지거라."

총각은 처녀의 오빠에게 딱 잡혀 흠씬 두들겨 맞고 내쫓겼답니다.

그 이후로는 아버지가 처녀를 집 밖으로 절대 내보내지 않았습니다. 처녀는 꼼짝없이 집 안에 갇혀서 늘 총각 걱정만 생각했답니다. 그렇게 지내다 처녀는 아버지에게서 하늘이 무너지는 소리를 들어야만 했지요.

"건넛마을 부잣집 아들과 혼약을 맺었으니 너는 혼인 준비를 해라."

처녀는 원하지도 않는 시집을 가게 되어 밤낮을 울면서 지냈습니다. 그런데 더 기가 막힌 건 총각이 죽었다는 소문이 들렸답니다. 처녀가 부잣집으로 시집을 간다는 소식에 총각이 스스로 목숨을 끊었어요. 처녀는 사랑하는 총각을 잃은 슬픔에 날이 갈수록 야위어만 갔지요.

하지만 정해진 혼인날이 되자 원치 않는 시집을 가야만 했습니다. 창백한 얼굴과 야윈 몸에 새색시 옷을 차려입고 가마를 탔답니다. 구경 나온 사람들도 처녀의 속사정을 아는지 슬픈 표정을 지었지요. 처녀가 가마에서 울먹이니 둘레 사람들도 훌쩍이고 눈물바다가 따로 없었어요.

한참을 가다 보니 총각이 묻힌 무덤 옆을 지나게 되었습니다. 처녀는 가마꾼에게 잠깐만 가마를 세워 달라고 간절하게 부탁을 했지요. 가마꾼들이 가마를 세우자 처녀는 무덤 앞에 앉아 하염없이 울었습니다.

"아이고, 어찌 하여 나를 버려두고 스스로 목숨을 끊었단 말입니까. 저를 이대로 보내지 않고 잡으시려거든 무덤 문을 열어 주세요."

처녀가 간절하게 기도를 하자 무덤이 정말로 반으로 갈라져 열렸습니다. 가마꾼들은 무덤에서 쏟아져 나오는 환한 빛을 보고 깜짝 놀랐지요. 처녀가 뒤도 돌아보지 않고 무덤으로 뛰어들자 무덤이 다시 닫혔습니다. 가마꾼들이 처녀를 잡으려고 옷을 붙잡았지만 옷만 죽죽 찢어질 뿐이었지요. 무덤 전체가 환한 빛에 휩싸이더니 무덤 위로 나비들이 날아올랐습니다. 흰 나비들과 노랑나비들이 서로를 감싸 안듯이 하늘하늘 날았지요. 사람들은 흰 나비는 처녀의 넋이고 노랑나비는 총각의 넋이라고 믿었습니다.

읽기유창성 점수: ____________

▶ 사전평가와 사후평가의 지문은 학지사 홈페이지(http://www.hakjisa.co.kr)에서 내려받을 수 있습니다.

1 단어를 빠르고 정확하게 읽기

다음 단어를 바르게 읽어 봅시다

여의고	쌓았어요
잡혀	내쫓겼답니다
갇혀서	맺었으니
혼인	끊었어요
야위어만	창백한
야윈	묻힌
하염없이	끊었단
간절하게	닫혔습니다
넋이라고	

▶ 이 페이지의 내용은 복사하거나 학지사 홈페이지(http://www.hakjisa.co.kr)에서 내려받아 사용하세요!

다음 단어들을 빠르고 정확하게 읽어 봅시다

여의고	쌓았어요	잡혀	내쫓겼답니다	갇혀서
맺었으니	혼인	끊었어요	끊었단	창백한
야윈	묻힌	하염없이	끊었단	간절하게
닫혔습니다	넋이라고	여의고	쌓았어요	잡혀
내쫓겼답니다	갇혀서	맺었으니	혼인	끊었어요
야위어만	창백한	야윈	묻힌	하염없이
끊었단	간절하게	닫혔습니다	넋이라고	여의고
쌓았어요	잡혀	내쫓겼답니다	갇혀서	맺었으니
혼인	끊었어요	야위어만	창백한	야윈
묻힌	하염없이	끊었단	간절하게	닫혔습니다
넋이라고	여의고	쌓았어요	잡혀	내쫓겼답니다

2 어휘의 뜻 알아보기

다음 단어를 알아봅시다

예시문을 읽고, 내가 생각하는 단어의 뜻을 써 봅시다.

올바른 단어의 뜻을 써 봅시다.

정의

여의다

예시문 처녀는 어린 나이에 어머니를 여의고 아버지와 오빠와 함께 살았지요.

비슷한 말

- ________
- ________
- ________

문장 만들기

비슷한 말을 넣어서 문장을 완성해 봅시다.

처녀는 어린 나이에 어머니를 ________ 아버지와 오빠와 함께 살았지요.

새로운 문장을 만들어 써 봅시다.

도전문제

어머니를 여읜 친구가 있다면, 그 친구에게 어떻게 해야 할까요?

예시문을 읽고, 내가 생각하는 단어의 뜻을 써 봅시다.

올바른 단어의 뜻을 써 봅시다.

정의

하염없다

예시문 가마꾼들이 가마를 세우자 처녀는 무덤 앞에 앉아 하염없이 울었습니다.

비슷한 말

- ________
- ________
- ________

문장 만들기

비슷한 말을 넣어서 문장을 완성해 봅시다.

가마꾼들이 가마를 세우자 처녀는 무덤 앞에 앉아 ________ 울었습니다.

새로운 문장을 만들어 써 봅시다.

도전문제

언제 하염없이 눈물을 흐를까요?

예시문을 읽고, 내가 생각하는 단어의 뜻을 써 봅시다.

올바른 단어의 뜻을 써 봅시다.

정의

혼인

예시문 "건넛마을 부잣집 아들과 혼약을 맺었으니 너는 혼인 준비를 해라."

비슷한 말

-
-
-

문장 만들기

비슷한 말을 넣어서 문장을 완성해 봅시다.

"건넛마을 부잣집 아들과 혼약을 맺었으니 너는 ________ 준비를 해라."

새로운 문장을 만들어 써 봅시다.

도전문제

혼인 잔치에 가 본 적이 있나요? 혼인 잔치에 가 본 경험을 적어 보세요.

예시문을 읽고, 내가 생각하는 단어의 뜻을 써 봅시다.

올바른 단어의 뜻을 써 봅시다.

정의

야위다

예시문 처녀는 사랑하는 총각을 잃은 슬픔에 날이 갈수록 야위어만 갔지요.

비슷한 말

-
-
-

반대말

-
-
-

문장 만들기

비슷한 말을 넣어서 문장을 완성해 봅시다.

처녀는 사랑하는 총각을 잃은 슬픔에 날이 갈수록 ______ 갔지요.

새로운 문장을 만들어 써 봅시다.

도전문제

'너 좀 야윈 것 같다'라는 말을 들어 본 적 있나요? 그때가 언제였나요?

예시문을 읽고, 내가 생각하는 단어의 뜻을 써 봅시다.

____

올바른 단어의 뜻을 써 봅시다.

____

정의

창백하다

예시문 창백한 얼굴과 야윈 몸에 새색시 옷을 차려입고 가마를 탔답니다.

비슷한 말

- ______________
- ______________
- ______________

문장 만들기

비슷한 말을 넣어서 문장을 완성해 봅시다.

______________ 얼굴과 야윈 몸에 새색시 옷을 차려입고 가마를 탔답니다.

새로운 문장을 만들어 써 봅시다.

____

도전문제

창백한 얼굴은 어떤 얼굴인가요? 언제 얼굴이 창백해지나요?

____

____

예시문을 읽고, 내가 생각하는 단어의 뜻을 써 봅시다.

올바른 단어의 뜻을 써 봅시다.

정의

간절하게

예시문 처녀는 가마꾼에게 잠깐만 가마를 세워 달라고 간절하게 부탁을 했지요.

비슷한 말

-
-
-

문장 만들기

비슷한 말을 넣어서 문장을 완성해 봅시다.

처녀는 가마꾼에게 잠깐만 가마를 세워 달라고 ____________ 부탁을 했지요.

새로운 문장을 만들어 써 봅시다.

도전문제

지금 간절하게 바라는 일이 있나요? 혹은 예전에 간절하게 바랐던 일이 있었나요?

다음 보기의 단어 중, 문장에 알맞은 단어를 써 봅시다.

보기

여의고, 혼인, 하염없이, 야위었다, 창백해, 간절하다

1. 자식을 잃어버린 진돗개는 ________ 눈물을 흘렸다.

2. 갓 ________한 그 부부는 너무 행복해 보였다.

3. 사랑하는 둘은 서로를 보고 싶은 마음이 ________.

4. 독감을 앓아서 그런지 얼굴이 ________ 보인다.

5. 오랜 병으로 고생을 하신 할머니가 많이 ________.

6. 그는 일찍이 부모를 ________ 고아로 힘들게 자랐다.

3 어구를 빠르고 정확하게 읽기

다음 어구를 바르게 읽어 봅시다

물 길으러 갈 때뿐이었지요

마음이 쏙 끌려 버렸답니다

차마 못 들어가고

더 기가 막힌 건

사랑하는 총각을 잃은 슬픔에

처녀의 속사정을 아는지

가마꾼들이 가마를 세우자

무덤에서 쏟아져 나오는 환한 빛을 보고

집안일을 모두 도맡아 했답니다

물을 길으러 왔다가

하루가 멀다 하고

머슴 주제에 기웃거리다니

처녀가 부잣집으로 시집을 간다는 소식에

정해진 혼인날이 되자

한참을 가다 보니

저를 이대로 보내지 않고 잡으시려거든

▶ 이 페이지의 내용은 복사하거나 학지사 홈페이지(http://www.hakjisa.co.kr)에서 내려받아 사용하세요!

다음 어구/절들을 빠르고 정확하게 읽어 봅시다

집안일을 모두 도맡아 했답니다	물 길으러 갈 때뿐이었지요	물을 길으러 왔다가
마음이 쏙 끌려 버렸답니다	하루가 멀다 하고	차마 못 들어가고
머슴 주제에 기웃거리다니	더 기가 막힌 건	처녀가 부잣집으로 시집을 간다는 소식에
사랑하는 총각을 잃은 슬픔에	정해진 혼인날이 되자	처녀의 속사정을 아는지
한참을 가다 보니	가마꾼들이 가마를 세우자	저를 이대로 보내지 않고 잡으시려거든
무덤에서 쏟아져 나오는 환한 빛을 보고	집안일을 모두 도맡아 했답니다	물 길으러 갈 때뿐이었지요
물을 길으러 왔다가	마음이 쏙 끌려 버렸답니다	하루가 멀다 하고
차마 못 들어가고	머슴 주제에 기웃거리다니	더 기가 막힌 건
처녀가 부잣집으로 시집을 간다는 소식에	사랑하는 총각을 잃은 슬픔에	정해진 혼인날이 되자
처녀의 속사정을 아는지	한참을 가다 보니	가마꾼들이 가마를 세우자
저를 이대로 보내지 않고 잡으시려거든	무덤에서 쏟아져 나오는 환한 빛을 보고	집안일을 모두 도맡아 했답니다
물 길으러 갈 때뿐이었지요	물을 길으러 왔다가	마음이 쏙 끌려 버렸답니다
하루가 멀다 하고	차마 못 들어가고	머슴 주제에 기웃거리다니
더 기가 막힌 건	처녀가 부잣집으로 시집을 간다는 소식에	사랑하는 총각을 잃은 슬픔에
정해진 혼인날이 되자	처녀의 속사정을 아는지	한참을 가다 보니
가마꾼들이 가마를 세우자	저를 이대로 보내지 않고 잡으시려거든	무덤에서 쏟아져 나오는 환한 빛을 보고
집안일을 모두 도맡아 했답니다	물 길으러 갈 때뿐이었지요	물을 길으러 왔다가
마음이 쏙 끌려 버렸답니다	하루가 멀다 하고	차마 못 들어가고
머슴 주제에 기웃거리다니	더 기가 막힌 건	처녀가 부잣집으로 시집을 간다는 소식에

▶ 이 페이지의 내용은 복사하거나 학지사 홈페이지(http://www.hakjisa.co.kr)에서 내려받아 사용하세요!

4 글을 빠르고 정확하게 읽기

다음 글을 / 표시된 곳에서 끊어 읽어 봅시다. 읽을 때 빠르고 정확하게 읽도록 합시다

옛날 옛날 / 어느 마을에 / 마음씨 고운 처녀가 / 살았습니다. / 처녀는 / 어린 나이에 / 어머니를 여의고 / 아버지와 오빠와 함께 살았지요. / 어머니가 없는 집안에 / 여자가 처녀뿐이니 / 집안일을 모두 도맡아 했답니다. / 물 길어 밥하기와 청소하기, / 빨래하기는 물론 / 계절마다 옷까지 만들었습니다. / 그러니 / 바깥 구경을 하는 건 / 물 길으러 갈 때뿐이었지요. /

하루는 / 처녀가 / 혼자 물동이를 이고 / 우물에 / 물을 길으러 갔습니다. / 그런데 / 그 마을 부잣집에서 / 머슴살이하는 총각을 / 우물가에서 / 딱 마주쳤지요. / 총각도 / 물지게를 지고 / 물을 길으러 왔다가 / 처녀를 만나게 되었어요. / 처녀와 총각은 / 이것저것 도와주면서 / 서로에게 / 마음이 쏙 끌려 버렸답니다. / 하루가 멀다 하고 / 둘은 / 우물가에서 만나 / 깊은 정을 쌓았어요. / 그래서 / 처녀와 총각은 / 결혼을 하기로 / 서로 / 굳은 약속을 했답니다. /

그러던 / 어느 하루 / 처녀가 아파서 / 우물가에 / 못 나가게 되었습니다. / 총각은 / 처녀가 나오지 않자 / 걱정이 돼서 / 처녀의 집까지 찾아갔지요. / 하지만 / 집 안으로는 / 차마 못 들어가고 / 밖에서만 기웃기웃 넘겨봤어요. /

"처녀가 사는 집을 / 감히 / 머슴 주제에 기웃거리다니 / 썩 꺼지거라." /

총각은 / 처녀의 오빠에게 / 딱 잡혀 / 흠씬 두들겨 맞고 내쫓겼답니다. /

그 이후로는 / 아버지가 / 처녀를 / 집 밖으로 / 절대 내보내지 않았습니다. / 처녀는 / 꼼짝없이 / 집 안에 갇혀서 / 늘 총각 걱정만 생각했답니다. / 그렇게 지내다 / 처녀는 / 아버지에게서 / 하늘이 무너지는 소리를 들어야만 했지요. /

"건넛마을 부잣집 아들과 / 혼약을 맺었으니 / 너는 / 혼인 준비를 해라." /

처녀는 / 원하지도 않는 시집을 가게 되어 / 밤낮을 울면서 지냈습니다. / 그런데 / 더 기가 막힌 건 / 총각이 죽었다는 소문이 / 들렸답니다. / 처녀가 부잣집으로 시집을 간다는 소식에 / 총각이 / 스스로 목숨을 끊었어요. / 처녀는 / 사랑하는 총각을 잃은 슬픔에 / 날

이 갈수록 / 야위어만 갔지요. /

하지만 / 정해진 혼인날이 되자 / 원치 않는 시집을 가야만 했습니다. / 창백한 얼굴과 야윈 몸에 / 새색시 옷을 차려입고 / 가마를 탔답니다. / 구경 나온 사람들도 / 처녀의 속사정을 아는지 / 슬픈 표정을 지었지요. / 처녀가 가마에서 울먹이니 / 둘레 사람들도 훌쩍이고 / 눈물바다가 따로 없었어요. /

한참을 가다 보니 / 총각이 묻힌 무덤 옆을 지나게 되었습니다. / 처녀는 / 가마꾼에게 / 잠깐만 가마를 세워 달라고 / 간절하게 부탁을 했지요. / 가마꾼들이 가마를 세우자 / 처녀는 / 무덤 앞에 앉아 / 하염없이 울었습니다. /

“아이고, / 어찌 하여 / 나를 버려두고 / 스스로 목숨을 끊었단 말입니까. / 저를 이대로 보내지 않고 잡으시려거든 / 무덤 문을 열어 주세요.” /

처녀가 간절하게 기도를 하자 / 무덤이 / 정말로 반으로 갈라져 열렸습니다. / 가마꾼들은 / 무덤에서 쏟아져 나오는 환한 빛을 보고 / 깜짝 놀랐지요. 처녀가 / 뒤도 돌아보지 않고 / 무덤으로 뛰어들자 / 무덤이 / 다시 닫혔습니다. / 가마꾼들이 / 처녀를 잡으려고 옷을 붙잡았지만 / 옷만 죽죽 / 찢어질 뿐이었지요. / 무덤 전체가 환한 빛에 휩싸이더니 / 무덤 위로 / 나비들이 / 날아올랐습니다. / 흰 나비들과 노랑나비들이 / 서로를 감싸 안듯이 / 하늘하늘 날았지요. / 사람들은 / 흰 나비는 처녀의 넋이고 / 노랑나비는 총각의 넋이라고 / 믿었습니다. /

6 이야기 지도 사용하여 글 읽고 이해하기: 인물, 시장, 사건, 끝을 기억하며 글의 내용 파악하기

'이야기 지도(인물, 시장, 사건, 끝)'를 사용하여 글의 내용을 파악해 봅시다

나비가 된 처녀와 총각

옛날 옛날 어느 마을에 마음씨 고운 처녀가 살았습니다. 처녀는 어린 나이에 어머니를 여의고 아버지와 오빠와 함께 살았지요. 어머니가 없는 집안에 여자가 처녀뿐이니 집안일을 모두 도맡아 했답니다. 물 길어 밥하기와 청소하기, 빨래하기는 물론 계절마다 옷까지 만들었습니다. 그러니 바깥 구경을 하는 건 물 길으러 갈 때뿐이었지요.

하루는 처녀가 혼자 물동이를 이고 우물에 물을 길으러 갔습니다. 그런데 그 마을 부잣집에서 머슴살이하는 총각을 우물가에서 딱 마주쳤지요. 총각도 물지게를 지고 물을 길으러 왔다가 처녀를 만나게 되었어요. 처녀와 총각은 이것저것 도와주면서 서로에게 마음이 쏙 끌려 버렸답니다. 하루가 멀다 하고 둘은 우물가에서 만나 깊은 정을 쌓았어요. 그래서 처녀와 총각은 결혼을 하기로 서로 굳은 약속을 했답니다.

그러던 어느 하루 처녀가 아파서 우물가에 못 나가게 되었습니다. 총각은 처녀가 나오지 않자 걱정이 돼서 처녀의 집까지 찾아갔지요. 하지만 집 안으로는 차마 못 들어가고 밖에서만 기웃기웃 넘겨봤어요.

"처녀가 사는 집을 감히 머슴 주제에 기웃거리다니 썩 꺼지거라."

총각은 처녀의 오빠에게 딱 잡혀 흠씬 두들겨 맞고 내쫓겼답니다.

그 이후로는 아버지가 처녀를 집 밖으로 절대 내보내지 않았습니다. 처녀는 꼼짝없이 집 안에 갇혀서 늘 총각 걱정만 생각했답니다. 그렇게 지내다 처녀는 아버지에게서 하늘이 무너지는 소리를 들어야만 했지요.

"건넛마을 부잣집 아들과 혼약을 맺었으니 너는 혼인 준비를 해라."

처녀는 원하지도 않는 시집을 가게 되어 밤낮을 울면서 지냈습니다. 그런데 더 기가 막힌 건 총각이 죽었다는 소문이 들렸답니다. 처녀가 부잣집으로 시집을 간다는 소식에 총각이 스스로 목숨을 끊었어요. 처녀는 사랑하는 총각을 잃은 슬픔에 날이 갈수록 야위어만 갔지요.

하지만 정해진 혼인날이 되자 원치 않는 시집을 가야만 했습니다. 창백한 얼굴과 야윈 몸에 새색시 옷을 차려입고 가마를 탔답니다. 구경 나온 사람들도 처녀의 속사정을 아는지 슬픈 표정을 지었지요. 처녀가 가마에서 울먹이니 둘레 사람들도 훌쩍이고 눈물바다가 따로 없었어요.

한참을 가다 보니 총각이 묻힌 무덤 옆을 지나게 되었습니다. 처녀는 가마꾼에게 잠깐만 가마를 세워 달라고 간절하게 부탁을 했지요. 가마꾼들이 가마를 세우자 처녀는 무덤 앞에 앉아 하염없이 울었습니다.

"아이고, 어찌 하여 나를 버려두고 스스로 목숨을 끊었단 말입니까. 저를 이대로 보내지 않고 잡으시려거든 무덤 문을 열어 주세요."

처녀가 간절하게 기도를 하자 무덤이 정말로 반으로 갈라져 열렸습니다. 가마꾼들은 무덤에서 쏟아져 나오는 환한 빛을 보고 깜짝 놀랐지요. 처녀가 뒤도 돌아보지 않고 무덤으로 뛰어들자 무덤이 다시 닫혔습니다. 가마꾼들이 처녀를 잡으려고 옷을 붙잡았지만 옷만 죽죽 찢어질 뿐이었지요. 무덤 전체가 환한 빛에 휩싸이더니 무덤 위로 나비들이 날아올랐습니다. 흰 나비들과 노랑나비들이 서로를 감싸 안듯이 하늘하늘 날았지요. 사람들은 흰 나비는 처녀의 넋이고 노랑나비는 총각의 넋이라고 믿었습니다.

제목: 나비가 된 처녀와 총각

1 인물 이야기에 등장하는 인물은 누구인가요?

2 시간과 장소 언제, 어디에서 일어난 이야기인가요?

시간:

장소:

3 사건들 인물에게 어떤 일들이 일어났나요? 일이 어떠한 차례로 일어났나요?

4 끝 이야기가 어떻게 끝났나요?

7 글의 주제 알기

글의 주제를 알아봅시다

글의 주제는 글쓴이가 읽는 이에게 말하고자 하는 생각 또는 의견입니다. 글의 주제는 '~하자. 해야 한다' 또는 '~하지 말자. 하지 말아야 한다'로 만들 수 있습니다.

'나비가 된 처녀와 총각'을 읽고, 글의 주제를 써 봅시다.

읽기유창성

지시문

앞에 있는 종이에 글이 있어요. 이제 선생님이 "시작"이라고 하면(학생용 평가지의 첫 어절을 손가락으로 가리킨 후, 계속 훑으면서) 처음부터 읽기 시작해서 "그만"이라고 할 때까지 최대한 정확하게, 그리고 최대한 빨리 읽으세요. 글을 읽다가 모르는 글자가 나오면 선생님이 어떻게 해야 할지 알려 줄게요. 최선을 다하세요. 질문 있어요? (질문이 있으면 질문에 대답한다.) 준비, 시작. (학생이 첫 어절을 말함과 동시에 타이머를 누르고 1분간 학생의 반응을 기록한 뒤 1분이 지나면 "그만"이라고 말한다.)

옛날 옛날 어느 마을에 마음씨 고운 처녀가 살았습니다. 처녀는 어린 나이에 어머니를 여의고 아버지와 오빠와 함께 살았지요. 어머니가 없는 집안에 여자가 처녀뿐이니 집안일을 모두 도맡아 했답니다. 물 길어 밥하기와 청소하기, 빨래하기는 물론 계절마다 옷까지 만들었습니다. 그러니 바깥 구경을 하는 건 물 길으러 갈 때뿐이었지요.

하루는 처녀가 혼자 물동이를 이고 우물에 물을 길으러 갔습니다. 그런데 그 마을 부잣집에서 머슴살이하는 총각을 우물가에서 딱 마주쳤지요. 총각도 물지게를 지고 물을 길으러 왔다가 처녀를 만나게 되었어요. 처녀와 총각은 이것저것 도와주면서 서로에게 마음이 쏙 끌려 버렸답니다. 하루가 멀다 하고 둘은 우물가에서 만나 깊은 정을 쌓았어요. 그래서 처녀와 총각은 결혼을 하기로 서로 굳은 약속을 했답니다.

그러던 어느 하루 처녀가 아파서 우물가에 못 나가게 되었습니다. 총각은 처녀가 나오지 않자 걱정이 돼서 처녀의 집까지 찾아갔지요. 하지만 집 안으로는 차마 못 들어가고 밖에서만 기웃기웃 넘겨봤어요.

"처녀가 사는 집을 감히 머슴 주제에 기웃거리다니 썩 꺼지거라."

총각은 처녀의 오빠에게 딱 잡혀 흠씬 두들겨 맞고 내쫓겼답니다.

그 이후로는 아버지가 처녀를 집 밖으로 절대 내보내지 않았습니다. 처녀는 꼼짝없이 집 안에 갇혀서 늘 총각 걱정만 생각했답니다. 그렇게 지내다 처녀는 아버지에게서 하늘이 무너지는 소리를 들어야만 했지요.

"건넛마을 부잣집 아들과 혼약을 맺었으니 너는 혼인 준비를 해라."

처녀는 원하지도 않는 시집을 가게 되어 밤낮을 울면서 지냈습니다. 그런데 더 기가 막힌 건 총각이 죽었다는 소문이 들렸답니다. 처녀가 부잣집으로 시집을 간다는 소식에 총각이 스스로 목숨을 끊었어요. 처녀는 사랑하는 총각을 잃은 슬픔에 날이 갈수록 야위어만 갔지요.

하지만 정해진 혼인날이 되자 원치 않는 시집을 가야만 했습니다. 창백한 얼굴과 야윈 몸에 새색시 옷을 차려입고 가마를 탔답니다. 구경 나온 사람들도 처녀의 속사정을 아는지 슬픈 표정을 지었지요. 처녀가 가마에서 울먹이니 둘레 사람들도 훌쩍이고 눈물바다가 따로 없었어요.

한참을 가다 보니 총각이 묻힌 무덤 옆을 지나게 되었습니다. 처녀는 가마꾼에게 잠깐만 가마를 세워 달라고 간절하게 부탁을 했지요. 가마꾼들이 가마를 세우자 처녀는 무덤 앞에 앉아 하염없이 울었습니다.

"아이고, 어찌 하여 나를 버려두고 스스로 목숨을 끊었단 말입니까. 저를 이대로 보내지 않고 잡으시려거든 무덤 문을 열어 주세요."

처녀가 간절하게 기도를 하자 무덤이 정말로 반으로 갈라져 열렸습니다. 가마꾼들은 무덤에서 쏟아져 나오는 환한 빛을 보고 깜짝 놀랐지요. 처녀가 뒤도 돌아보지 않고 무덤으로 뛰어들자 무덤이 다시 닫혔습니다. 가마꾼들이 처녀를 잡으려고 옷을 붙잡았지만 옷만 죽죽 찢어질 뿐이었지요. 무덤 전체가 환한 빛에 휩싸이더니 무덤 위로 나비들이 날아올랐습니다. 흰 나비들과 노랑나비들이 서로를 감싸 안듯이 하늘하늘 날았지요. 사람들은 흰 나비는 처녀의 넋이고 노랑나비는 총각의 넋이라고 믿었습니다.

읽기유창성 점수: ____________

▶ 사전평가와 사후평가의 지문은 학지사 홈페이지(http://www.hakjisa.co.kr)에서 내려받을 수 있습니다.

읽기이해

다음 질문에 최대한 자세히 답을 써 주세요.

(※ 쓰는 것이 어려운 학생의 경우, 구두로 답하도록 하세요.)

1 이 이야기에 나오는 중심인물은 누구입니까? 두 인물을 써 보세요.

2 언제, 어디에서 있었던 일인가요?

1) 언제:

2) 어디서:

3 처녀와 총각은 어떻게 만났나요?

4 처녀가 밤낮을 울면서 지낸 까닭은 무엇일까요?

5 처녀가 간절히 기도하자 어떤 일이 일어났나요?

6 사람들은 흰 나비와 노랑나비를 무엇이라고 믿었나요?

7 처녀의 아버지는 어떤 사람이었을까요? 그것을 어떻게 알 수 있는지 글에서 찾아 써 보세요.

1) 어떤 사람이었을까요?

2) 그것을 어떻게 알 수 있나요?

4. 도깨비와 나무꾼

학 ◇ 습 ◇ 목 ◇ 표

- 글을 읽을 때, 적당한 부분에서 글을 빠르고 정확하게 끊어 읽을 수 있다.
- 글을 읽고, 글의 중심내용과 글의 주제를 파악할 수 있다.

사 ◇ 전 ◇ 평 ◇ 가

지시문

앞에 있는 종이에 글이 있어요. 이제 선생님이 "시작"이라고 하면(학생용 평가지의 첫 어절을 손가락으로 가리킨 후, 계속 훑으면서) 처음부터 읽기 시작해서 "그만"이라고 할 때까지 최대한 정확하게, 그리고 최대한 빨리 읽으세요. 글을 읽다가 모르는 글자가 나오면 선생님이 어떻게 해야 할지 알려 줄게요. 최선을 다하세요. 질문 있어요? (질문이 있으면 질문에 대답한다.) 준비, 시작. (학생이 첫 어절을 말함과 동시에 타이머를 누르고 1분간 학생의 반응을 기록한 뒤 1분이 지나면 "그만"이라고 말한다.)

옛날 옛날, 무서운 도깨비랑 사람이 함께 살아가던 시절의 이야기랍니다. 어느 날 산마을에 사는 나무꾼이 나무를 팔러 시장에 나갔지요. 그런데 이상하게 홍정이 안 돼서 나무를 하나도 팔지 못했답니다. 돈을 벌지 못해서 어깨가 축 늘어져 터벅터벅 산길을 걸었지요. 나무꾼이 산모퉁이를 돌아서는 순간 시커먼 것이 앞을 탁 가로막더랍니다.

깜짝 놀랐던 나무꾼이 뚫어져라 다시 살펴봤더니 글쎄 도깨비가 있었지요. 처음에는 너무 놀라 뒤로 자빠질 뻔했지만 정신을 차리고 말했답니다.

"너는 대체 무엇인데 감히 남이 가는 길을 막고 섰느냐!"

"나는 김서방이라고 하고, 자네와 씨름 한판을 하려고 왔소."

옛날부터 도깨비는 자기더러 누구냐고 물으면 '나는 김서방이다' 하고 대답한다고 그랬지요. 또 길에서 사람을 만나면 무조건 씨름을 하자고 말한다고 전해졌답니다. 만약에 그때 씨름을 안 하고 도망가면 끝까지 쫓아간다지요. 그래서 나무꾼은 나도 모르겠다고 생각하며 무시무시한 도깨비와 씨름을 했답니다.

하지만 도깨비를 보고 놀랐던 나무꾼이 힘을 제대로 쓸 수 있었을까요? 씨름을 시작하자 힘 한 번 쓰지 못하고 나무꾼이 나동그라졌지요. 도깨비가 또 한 판 하자고 해서 했는데 금방 져 버렸답니다. 또 다시 도깨비가 하자고 해서 했는데 이번에도 져 버렸어요. 이렇게 계속해서 세 판을 지고 나니 나무꾼도 오기가 생겼답니다.

"어이, 김서방! 이번이 진짜 마지막이니까 우리 딱 한 판만 더 하자!"

그런데 나무꾼이 이번 판에는 오른쪽이 아니라 왼쪽으로 힘을 썼지요. 허리를 꽉 붙잡고 왼쪽 엉덩이로 당기면서 왼 다리를 탁 걸었답니다. 아니 그랬더니, 그 무시무시했던 도깨비가 썩은 나무처럼 털썩 쓰러졌어요. 옛날부터 도깨비랑 씨름을 할 때 왼 다리를 걸면 이긴다고 전해졌답니다.

나무꾼이 도깨비를 쓰러트리니까 이 녀석이 넙죽 엎드려 절을 했어요. 그러고는 가슴 속에 넣었던 두꺼운 책 하나를 꺼내 바쳤답니다. 뜬금없이 책을 선물 받은 나무꾼이 황당한 표정으로 책장을 넘겼어요.

"임금님의 충실한 종이 여기 있으니 무엇이든지 분부만 내리십시오."

아니, 이러면서 책장 사이에서 도깨비가 튀어나와 절을 했답니다. 나무꾼이 너무 신기해서 책장을 또 넘겼더니 이번에도 도깨비가 나왔어요.

"임금님의 충실한 종이 여기 있으니 무엇이든지 분부만 내리십시오."

책장을 다 넘겼더니 길바닥에 도깨비가 새까맣게 깔렸지요.

그중에 한 놈이 번쩍거리는 금 모자를 나무꾼에게 씌워 주었답니다.

"임금님, 임금님, 오늘은 임금님을 모시고 서울 구경을 떠나도록 하겠습니다."

이러면서 나무꾼을 등에 업더니 하늘로 둥둥 떠서 서울로 갔어요. 눈 깜짝할 새에 서울에 온 나무꾼은 여기저기 실컷 구경했지요. 서울 구경이 다 끝나니까 도깨비가 또 등에 업고 돌아왔답니다.

다음 날에도 나무꾼이 시장에 나무를 팔고 돌아오다가 도깨비를 만났어요. 이번에도 똑같이 도깨비가 씨름을 하자고 해서 왼 다리를 걸어 이겼답니다. 그랬더니 또 책을 주고 책장을 넘기니까 도깨비들이 쏟아져 나왔지요. 어제처럼 금 모자를 씌워 주고는 평양 구경을 하자며 날아갔답니다. 다음 날에도 나무꾼은 도깨비를 만나 씨름을 하고 이겨서 금강산 구경을 했어요. 그리고 그 다음 날에도 도깨비를 이겨서 백두산 구경을 했지요. 이렇게 해서 나무꾼은 죽을 때까지 세상 구경을 하면서 살았답니다.

읽기유창성 점수: ____________

▶ 사전평가와 사후평가의 지문은 학지사 홈페이지(http://www.hakjisa.co.kr)에서 내려받을 수 있습니다.

1 단어를 빠르고 정확하게 읽기

다음 단어를 바르게 읽어 봅시다

흥정이	뚫어져라
전해졌답니다	쫓아간다지요
나동그라졌지요	오기가
붙잡고	엎드려
뜬금없이	황당한
분부만	씌워

▶ 이 페이지의 내용은 복사하거나 학지사 홈페이지(http://www.hakjisa.co.kr)에서 내려받아 사용하세요!

다음 단어들을 빠르고 정확하게 읽어 봅시다

흥정이	뚫어져라	전해졌답니다	쫓아간다지요	나동그라졌지요
오기가	붙잡고	엎드려	뜬금없이	황당한
분부만	씌워	흥정이	뚫어져라	전해졌답니다
쫓아간다지요	나동그라졌지요	오기가	붙잡고	엎드려
뜬금없이	황당한	분부만	씌워	흥정이
뚫어져라	전해졌답니다	쫓아간다지요	나동그라졌지요	오기가
붙잡고	엎드려	뜬금없이	황당한	분부만
씌워	흥정이	뚫어져라	전해졌답니다	쫓아간다지요
나동그라졌지요	오기가	붙잡고	엎드려	뜬금없이
황당한	분부만	씌워	흥정이	뚫어져라
전해졌답니다	쫓아간다지요	나동그라졌지요	오기가	붙잡고

▶ 이 페이지의 내용은 복사하거나 학지사 홈페이지(http://www.hakjisa.co.kr)에서 내려받아 사용하세요!

2 어휘의 뜻 알아보기

다음 단어를 알아봅시다

예시문을 읽고, 내가 생각하는 단어의 뜻을 써 봅시다.

____

올바른 단어의 뜻을 써 봅시다.

____

정의

흥정

비슷한 말

- ____________
- ____________
- ____________

예시문 그런데 이상하게 흥정이 안 돼서 나무를 하나도 팔지 못했답니다.

문장 만들기

비슷한 말을 넣어서 문장을 완성해 봅시다.

그런데 이상하게 ____________이 안 돼서 나무를 하나도 팔지 못했답니다.

새로운 문장을 만들어 써 봅시다.

____

도전문제

흥정을 잘하면 어떤 이득이 있나요? 흥정을 잘하려면 어떻게 해야 할까요?

____

____

예시문을 읽고, 내가 생각하는 단어의 뜻을 써 봅시다.

올바른 단어의 뜻을 써 봅시다.

정의

분부

예시문 임금님의 충실한 종이 여기 있으니 무엇이든지 분부만 내리십시오.

비슷한 말

•

•

•

문장 만들기

비슷한 말을 넣어서 문장을 완성해 봅시다.

임금님의 충실한 종이 여기 있으니 무엇이든지 ______ 만 내리십시오.

새로운 문장을 만들어 써 봅시다.

도전문제

어른의 분부를 따르지 않은 적이 있나요? 왜 그랬나요?

예시문을 읽고, 내가 생각하는 단어의 뜻을 써 봅시다.

올바른 단어의 뜻을 써 봅시다.

정의

오기

예시문 이렇게 계속해서 세 판을 지고 나니 나무꾼도 오기가 생겼답니다.

비슷한 말

-
-
-

문장 만들기

비슷한 말을 넣어서 문장을 완성해 봅시다.

이렇게 계속해서 세 판을 지고 나니 나무꾼도 ________가 생겼답니다.

새로운 문장을 만들어 써 봅시다.

도전문제

언제 오기가 생기나요? 왜 그렇다고 생각하나요?

예시문을 읽고, 내가 생각하는 단어의 뜻을 써 봅시다.

올바른 단어의 뜻을 써 봅시다.

정의

황당하다

예시문 뜬금없이 책을 선물 받은 나무꾼이 황당한 표정으로 책장을 넘겼어요.

반대말

•

•

•

문장 만들기

새로운 문장을 만들어 써 봅시다.

도전문제

황당한 일을 당한 경험을 써 보세요.

예시문을 읽고, 내가 생각하는 단어의 뜻을 써 봅시다.

올바른 단어의 뜻을 써 봅시다.

정의

전해지다

비슷한 말

•

•

•

예시문 도깨비는 길에서 사람을 만나면 무조건 씨름을 하자고 말한다고 전해졌답니다.

문장 만들기

비슷한 말을 넣어서 문장을 완성해 봅시다.

도깨비는 길에서 사람을 만나면 무조건 씨름을 하자고 말한다고 ____________.

새로운 문장을 만들어 써 봅시다.

도전문제

오래전부터 입에서 입으로 전해져 내려온 글(예: 흥부와 놀부) 중 가장 기억에 남는 글이 있나요?

1 다음 단어를 읽어 봅시다.
서로 뜻이 비슷한 말끼리 연결해 봅시다.

지시 •	• 고집
오기 •	• 분부

2 다음 문장을 읽어 봅시다.
문장에서 서로 비슷한 말인 두 단어를 찾아서 동그라미 치세요.

소문이 너무 황당하고 어이없어서 웃음이 나왔다.

3 어구를 빠르고 정확하게 읽기

다음 어구를 바르게 읽어 봅시다

뒤로 자빠질 뻔했지만	무조건 씨름을 하자고 말한다고	힘 한 번 쓰지 못하고	왼 다리를 걸면 이긴다고	눈 깜짝할 새에	도깨비가 씨름을 하자고 해서
산모퉁이를 돌아서는 순간	자기더러 누구냐고 물으면	만약에 그때 씨름을 안 하고 도망가면	또 한 판 하자고 해서 했는데	무엇이든지 분부만 내리십시오	서울 구경이 다 끝나니까

▶ 이 페이지의 내용은 복사하거나 학지사 홈페이지(http://www.hakjisa.co.kr)에서 내려받아 사용하세요!

다음 어구/절들을 빠르고 정확하게 읽어 봅시다

무조건 씨름을 하자고 말한다고	산모퉁이를 돌아서는 순간	힘 한 번 쓰지 못하고
서울 구경이 다 끝나니까	무엇이든지 분부만 내리십시오	뒤로 자빠질 뻔했지만
눈 깜짝할 새에	자기더러 누구냐고 물으면	왼 다리를 걸면 이긴다고
만약에 그때 씨름을 안 하고 도망가면	또 한 판 하자고 해서 했는데	도깨비가 씨름을 하자고 해서
힘 한 번 쓰지 못하고	무조건 씨름을 하자고 말한다고	서울 구경이 다 끝나니까
산모퉁이를 돌아서는 순간	왼 다리를 걸면 이긴다고	자기더러 누구냐고 물으면
또 한 판 하자고 해서 했는데	도깨비가 씨름을 하자고 해서	만약에 그때 씨름을 안 하고 도망가면
무엇이든지 분부만 내리십시오	눈 깜짝할 새에	뒤로 자빠질 뻔했지만
도깨비가 씨름을 하자고 해서	힘 한 번 쓰지 못하고	무조건 씨름을 하자고 말한다고
눈 깜짝할 새에	서울 구경이 다 끝나니까	산모퉁이를 돌아서는 순간
뒤로 자빠질 뻔했지만	무엇이든지 분부만 내리십시오	또 한 판 하자고 해서 했는데
왼 다리를 걸면 이긴다고	만약에 그때 씨름을 안 하고 도망가면	자기더러 누구냐고 물으면
만약에 그때 씨름을 안 하고 도망가면	산모퉁이를 돌아서는 순간	눈 깜짝할 새에
무조건 씨름을 하자고 말한다고	서울 구경이 다 끝나니까	힘 한 번 쓰지 못하고
자기더러 누구냐고 물으면	무엇이든지 분부만 내리십시오	뒤로 자빠질 뻔했지만
도깨비가 씨름을 하자고 해서	또 한 판 하자고 해서 했는데	왼 다리를 걸면 이긴다고
산모퉁이를 돌아서는 순간	도깨비가 씨름을 하자고 해서	눈 깜짝할 새에
힘 한 번 쓰지 못하고	무엇이든지 분부만 내리십시오	뒤로 자빠질 뻔했지만
왼 다리를 걸면 이긴다고	무조건 씨름을 하자고 말한다고	만약에 그때 씨름을 안 하고 도망가면

4 글을 빠르고 정확하게 읽기

다음 글을 / 표시된 곳에서 끊어 읽어 봅시다. 읽을 때 빠르고 정확하게 읽도록 합시다

옛날 옛날, / 무서운 도깨비랑 사람이 / 함께 살아가던 시절의 이야기랍니다. / 어느 날 / 산마을에 사는 나무꾼이 / 나무를 팔러 / 시장에 나갔지요. / 그런데 / 이상하게 / 홍정이 안 돼서 / 나무를 하나도 팔지 못했답니다. / 돈을 벌지 못해서 / 어깨가 축 늘어져 / 터벅터벅 산길을 걸었지요. / 나무꾼이 / 산모퉁이를 돌아서는 순간 / 시커먼 것이 / 앞을 탁 가로막더랍니다. /

깜짝 놀랐던 나무꾼이 / 뚫어져라 다시 살펴봤더니 / 글쎄 도깨비가 / 있었지요. / 처음에는 너무 놀라 / 뒤로 자빠질 뻔했지만 / 정신을 차리고 말했답니다. /

"너는 / 대체 무엇인데 / 감히 / 남이 가는 길을 막고 섰느냐!" /

"나는 / 김서방이라고 하고, / 자네와 씨름 한판을 하려고 왔소." /

옛날부터 / 도깨비는 / 자기더러 누구냐고 물으면 / '나는 김서방이다' 하고 대답한다고 / 그랬지요. / 또 / 길에서 사람을 만나면 / 무조건 씨름을 하자고 말한다고 / 전해졌답니다. / 만약에 그때 씨름을 안 하고 도망가면 / 끝까지 쫓아간다지요. / 그래서 / 나무꾼은 / 나도 모르겠다고 생각하며 / 무시무시한 도깨비와 씨름을 했답니다. /

하지만 / 도깨비를 보고 놀랐던 나무꾼이 / 힘을 제대로 쓸 수 있었을까요? / 씨름을 시작하자 / 힘 한 번 쓰지 못하고 / 나무꾼이 / 나동그라졌지요. / 도깨비가 / 또 한 판 하자고 해서 했는데 / 금방 져 버렸답니다. / 또 다시 / 도깨비가 하자고 해서 했는데 / 이번에도 져 버렸어요. / 이렇게 계속해서 / 세 판을 지고 나니 / 나무꾼도 / 오기가 생겼답니다. /

"어이, 김서방! / 이번이 / 진짜 마지막이니까 / 우리 딱 한 판만 더 하자!" /

그런데 / 나무꾼이 / 이번 판에는 / 오른쪽이 아니라 왼쪽으로 / 힘을 썼지요. / 허리를 꽉 붙잡고 / 왼쪽 엉덩이로 당기면서 / 왼 다리를 탁 걸었답니다. / 아니 그랬더니, / 그 무시무시했던 도깨비가 / 썩은 나무처럼 털썩 쓰러졌어요. / 옛날부터 / 도깨비랑 씨름을 할 때 / 왼 다리를 걸면 이긴다고 / 전해졌답니다. /

나무꾼이 / 도깨비를 쓰러트리니까 / 이 녀석이 / 넙죽 엎드려 / 절을 했어요. / 그러고는 /

가슴 속에 넣었던 두꺼운 책 하나를 / 꺼내 바쳤답니다. / 뜬금없이 책을 선물 받은 나무꾼이 / 황당한 표정으로 / 책장을 넘겼어요. /

"임금님의 충실한 종이 / 여기 있으니 / 무엇이든지 분부만 내리십시오." /

아니, / 이러면서 / 책장 사이에서 / 도깨비가 / 튀어나와 / 절을 했답니다. / 나무꾼이 / 너무 신기해서 / 책장을 또 넘겼더니 / 이번에도 / 도깨비가 / 나왔어요. /

"임금님의 충실한 종이 / 여기 있으니 / 무엇이든지 분부만 내리십시오." /

책장을 다 넘겼더니 / 길바닥에 / 도깨비가 / 새까맣게 깔렸지요. /

그중에 한 놈이 / 번쩍거리는 금 모자를 / 나무꾼에게 / 씌워 주었답니다. /

"임금님, 임금님, / 오늘은 임금님을 모시고 / 서울 구경을 떠나도록 하겠습니다." /

이러면서 / 나무꾼을 등에 업더니 / 하늘로 둥둥 떠서 / 서울로 갔어요. / 눈 깜짝할 새에 / 서울에 온 나무꾼은 / 여기저기 실컷 구경했지요. / 서울 구경이 다 끝나니까 / 도깨비가 / 또 등에 업고 돌아왔답니다. /

다음 날에도 / 나무꾼이 / 시장에 / 나무를 팔고 돌아오다가 / 도깨비를 만났어요. / 이번에도 똑같이 / 도깨비가 씨름을 하자고 해서 / 왼 다리를 걸어 이겼답니다. / 그랬더니 / 또 책을 주고 / 책장을 넘기니까 / 도깨비들이 / 쏟아져 나왔지요. / 어제처럼 / 금 모자를 씌워 주고는 / 평양 구경을 하자며 / 날아갔답니다. / 다음 날에도 / 나무꾼은 / 도깨비를 만나 / 씨름을 하고 이겨서 / 금강산 구경을 했어요. / 그리고 / 그 다음 날에도 / 도깨비를 이겨서 / 백두산 구경을 했지요. / 이렇게 해서 / 나무꾼은 / 죽을 때까지 / 세상 구경을 하면서 살았답니다. /

6 이야기 지도 사용하여 글 읽고 이해하기: 인물, 시장, 사건, 끝을 기억하며 글의 내용 파악하기

'이야기 지도(인물, 시장, 사건, 끝)'를 사용하여 글의 내용을 파악해 봅시다

도깨비와 나무꾼

옛날 옛날, 무서운 도깨비랑 사람이 함께 살아가던 시절의 이야기랍니다. 어느 날 산 마을에 사는 나무꾼이 나무를 팔러 시장에 나갔지요. 그런데 이상하게 흥정이 안 돼서 나무를 하나도 팔지 못했답니다. 돈을 벌지 못해서 어깨가 축 늘어져 터벅터벅 산길을 걸었지요. 나무꾼이 산모퉁이를 돌아서는 순간 시커먼 것이 앞을 탁 가로막더랍니다.

깜짝 놀랐던 나무꾼이 뚫어져라 다시 살펴봤더니 글쎄 도깨비가 있었지요. 처음에는 너무 놀라 뒤로 자빠질 뻔했지만 정신을 차리고 말했답니다.

"너는 대체 무엇인데 감히 남이 가는 길을 막고 섰느냐!"

"나는 김서방이라고 하고, 자네와 씨름 한판을 하려고 왔소."

옛날부터 도깨비는 자기더러 누구냐고 물으면 '나는 김서방이다' 하고 대답한다고 그랬지요. 또 길에서 사람을 만나면 무조건 씨름을 하자고 말한다고 전해졌답니다. 만약에 그때 씨름을 안 하고 도망가면 끝까지 쫓아간다지요. 그래서 나무꾼은 나도 모르겠다고 생각하며 무시무시한 도깨비와 씨름을 했답니다.

하지만 도깨비를 보고 놀랐던 나무꾼이 힘을 제대로 쓸 수 있었을까요? 씨름을 시작하자 힘 한 번 쓰지 못하고 나무꾼이 나동그라졌지요. 도깨비가 또 한 판 하자고 해서 했는데 금방 져 버렸답니다. 또 다시 도깨비가 하자고 해서 했는데 이번에도 져 버렸어요. 이렇게 계속해서 세 판을 지고 나니 나무꾼도 오기가 생겼답니다.

"어이, 김서방! 이번이 진짜 마지막이니까 우리 딱 한 판만 더 하자!"

그런데 나무꾼이 이번 판에는 오른쪽이 아니라 왼쪽으로 힘을 썼지요. 허리를 꽉 붙잡고 왼쪽 엉덩이로 당기면서 왼 다리를 탁 걸었답니다. 아니 그랬더니, 그 무시무시했던 도깨비가 썩은 나무처럼 털썩 쓰러졌어요. 옛날부터 도깨비랑 씨름을 할 때 왼 다리를 걸면 이긴다고 전해졌답니다.

나무꾼이 도깨비를 쓰러트리니까 이 녀석이 넙죽 엎드려 절을 했어요. 그러고는 가슴 속에 넣었던 두꺼운 책 하나를 꺼내 바쳤답니다. 뜬금없이 책을 선물 받은 나무꾼이 황당한 표정으로 책장을 넘겼어요.

"임금님의 충실한 종이 여기 있으니 무엇이든지 분부만 내리십시오."

아니, 이러면서 책장 사이에서 도깨비가 튀어나와 절을 했답니다. 나무꾼이 너무 신기해서 책장을 또 넘겼더니 이번에도 도깨비가 나왔어요.

"임금님의 충실한 종이 여기 있으니 무엇이든지 분부만 내리십시오."

책장을 다 넘겼더니 길바닥에 도깨비가 새까맣게 깔렸지요.

그중에 한 놈이 번쩍거리는 금 모자를 나무꾼에게 씌워 주었답니다.

"임금님, 임금님, 오늘은 임금님을 모시고 서울 구경을 떠나도록 하겠습니다."

이러면서 나무꾼을 등에 업더니 하늘로 둥둥 떠서 서울로 갔어요. 눈 깜짝할 새에 서울에 온 나무꾼은 여기저기 실컷 구경했지요. 서울 구경이 다 끝나니까 도깨비가 또 등에 업고 돌아왔답니다.

다음 날에도 나무꾼이 시장에 나무를 팔고 돌아오다가 도깨비를 만났어요. 이번에도 똑같이 도깨비가 씨름을 하자고 해서 왼 다리를 걸어 이겼답니다. 그랬더니 또 책을 주고 책장을 넘기니까 도깨비들이 쏟아져 나왔지요. 어제처럼 금 모자를 씌워 주고는 평양 구경을 하자며 날아갔답니다. 다음 날에도 나무꾼은 도깨비를 만나 씨름을 하고 이겨서 금강산 구경을 했어요. 그리고 그 다음 날에도 도깨비를 이겨서 백두산 구경을 했지요. 이렇게 해서 나무꾼은 죽을 때까지 세상 구경을 하면서 살았답니다.

제목: 도깨비와 나무꾼

1 인물 이야기에 등장하는 인물은 누구인가요?

2 시간과 장소 언제, 어디에서 일어난 이야기인가요?

시간:

장소:

3 사건들 인물에게 어떤 일들이 일어났나요? 일이 어떠한 차례로 일어났나요?

4 끝 이야기가 어떻게 끝났나요?

7 글의 주제 알기

글의 주제를 알아봅시다

글의 주제는 글쓴이가 읽는 이에게 말하고자 하는 생각 또는 의견입니다. 글의 주제는 '~하자. 해야 한다' 또는 '~하지 말자. 하지 말아야 한다'로 만들 수 있습니다.

'도깨비와 나무꾼'을 읽고, 글의 주제를 써 봅시다.

읽기유창성

지시문

앞에 있는 종이에 글이 있어요. 이제 선생님이 "시작"이라고 하면(학생용 평가지의 첫 어절을 손가락으로 가리킨 후, 계속 훑으면서) 처음부터 읽기 시작해서 "그만"이라고 할 때까지 최대한 정확하게, 그리고 최대한 빨리 읽으세요. 글을 읽다가 모르는 글자가 나오면 선생님이 어떻게 해야 할지 알려 줄게요. 최선을 다하세요. 질문 있어요? (질문이 있으면 질문에 대답한다.) 준비, 시작. (학생이 첫 어절을 말함과 동시에 타이머를 누르고 1분간 학생의 반응을 기록한 뒤 1분이 지나면 "그만"이라고 말한다.)

옛날 옛날, 무서운 도깨비랑 사람이 함께 살아가던 시절의 이야기랍니다. 어느 날 산마을에 사는 나무꾼이 나무를 팔러 시장에 나갔지요. 그런데 이상하게 홍정이 안 돼서 나무를 하나도 팔지 못했답니다. 돈을 벌지 못해서 어깨가 축 늘어져 터벅터벅 산길을 걸었지요. 나무꾼이 산모퉁이를 돌아서는 순간 시커먼 것이 앞을 탁 가로막더랍니다.

깜짝 놀랐던 나무꾼이 뚫어져라 다시 살펴봤더니 글쎄 도깨비가 있었지요. 처음에는 너무 놀라 뒤로 자빠질 뻔했지만 정신을 차리고 말했답니다.

"너는 대체 무엇인데 감히 남이 가는 길을 막고 섰느냐!"

"나는 김서방이라고 하고, 자네와 씨름 한판을 하려고 왔소."

옛날부터 도깨비는 자기더러 누구냐고 물으면 '나는 김서방이다' 하고 대답한다고 그랬지요. 또 길에서 사람을 만나면 무조건 씨름을 하자고 말한다고 전해졌답니다. 만약에 그때 씨름을 안 하고 도망가면 끝까지 쫓아간다지요. 그래서 나무꾼은 나도 모르겠다고 생각하며 무시무시한 도깨비와 씨름을 했답니다.

하지만 도깨비를 보고 놀랐던 나무꾼이 힘을 제대로 쓸 수 있었을까요? 씨름을 시작하자 힘 한 번 쓰지 못하고 나무꾼이 나동그라졌지요. 도깨비가 또 한 판 하자고 해서 했는데 금방 져 버렸답니다. 또 다시 도깨비가 하자고 해서 했는데 이번에도 져 버렸어요. 이렇게 계속해서 세 판을 지고 나니 나무꾼도 오기가 생겼답니다.

"어이, 김서방! 이번이 진짜 마지막이니까 우리 딱 한 판만 더 하자!"

그런데 나무꾼이 이번 판에는 오른쪽이 아니라 왼쪽으로 힘을 썼지요. 허리를 꽉 붙잡고 왼쪽 엉덩이로 당기면서 왼 다리를 탁 걸었답니다. 아니 그랬더니, 그 무시무시했던 도깨비가 썩은 나무처럼 털썩 쓰러졌어요. 옛날부터 도깨비랑 씨름을 할 때 왼 다리를 걸면 이긴다고 전해졌답니다.

나무꾼이 도깨비를 쓰러트리니까 이 녀석이 넙죽 엎드려 절을 했어요. 그러고는 가슴 속에 넣었던 두꺼운 책 하나를 꺼내 바쳤답니다. 뜬금없이 책을 선물 받은 나무꾼이 황당한 표정으로 책장을 넘겼어요.

"임금님의 충실한 종이 여기 있으니 무엇이든지 분부만 내리십시오."

아니, 이러면서 책장 사이에서 도깨비가 튀어나와 절을 했답니다. 나무꾼이 너무 신기해서 책장을 또 넘겼더니 이번에도 도깨비가 나왔어요.

"임금님의 충실한 종이 여기 있으니 무엇이든지 분부만 내리십시오."

책장을 다 넘겼더니 길바닥에 도깨비가 새까맣게 깔렸지요.

그중에 한 놈이 번쩍거리는 금 모자를 나무꾼에게 씌워 주었답니다.

"임금님, 임금님, 오늘은 임금님을 모시고 서울 구경을 떠나도록 하겠습니다."

이러면서 나무꾼을 등에 업더니 하늘로 둥둥 떠서 서울로 갔어요. 눈 깜짝할 새에 서울에 온 나무꾼은 여기저기 실컷 구경했지요. 서울 구경이 다 끝나니까 도깨비가 또 등에 업고 돌아왔답니다.

다음 날에도 나무꾼이 시장에 나무를 팔고 돌아오다가 도깨비를 만났어요. 이번에도 똑같이 도깨비가 씨름을 하자고 해서 왼 다리를 걸어 이겼답니다. 그랬더니 또 책을 주고 책장을 넘기니까 도깨비들이 쏟아져 나왔지요. 어제처럼 금 모자를 씌워 주고는 평양 구경을 하자며 날아갔답니다. 다음 날에도 나무꾼은 도깨비를 만나 씨름을 하고 이겨서 금강산 구경을 했어요. 그리고 그 다음 날에도 도깨비를 이겨서 백두산 구경을 했지요. 이렇게 해서 나무꾼은 죽을 때까지 세상 구경을 하면서 살았답니다.

읽기유창성 점수: ____________

▶ 사전평가와 사후평가의 지문은 학지사 홈페이지(http://www.hakjisa.co.kr)에서 내려받을 수 있습니다.

사 ◇ 후 ◇ 평 ◇ 가

읽기이해

다음 질문에 최대한 자세히 답을 써 주세요.

(※ 쓰는 것이 어려운 학생의 경우, 구두로 답하도록 하세요.)

1 이야기에 나오는 중심인물은 누구누구인가요? 두 사람을 써 보세요.

2 언제, 어디에서 있었던 일인가요?

1) 언제:

2) 어디서:

3 나무꾼의 어깨가 왜 축 늘어져 있었나요?

4 나무꾼이 산길을 걷다가 깜짝 놀란 까닭은 무엇일까요?

5 나무꾼이 씨름에서 도깨비를 어떻게 이기게 되었나요?

6 책 속에서 나온 도깨비들이 나무꾼에게 어떻게 하였나요?

7 이야기에 나오는 나무꾼은 어떤 사람이었을까요? 그것을 어떻게 알 수 있는지 글에서 찾아 써 보세요.

1) 어떤 사람이었을까요?

2) 그것을 어떻게 알 수 있나요?

5. 멍서방이 된 강서방

학 ◇ 습 ◇ 목 ◇ 표

- 글을 읽을 때, 적당한 부분에서 글을 빠르고 정확하게 끊어 읽을 수 있다.
- 글을 읽고, 글의 중심내용과 글의 주제를 파악할 수 있다.

사 ◇ 전 ◇ 평 ◇ 가

지시문

앞에 있는 종이에 글이 있어요. 이제 선생님이 "시작"이라고 하면(학생용 평가지의 첫 어절을 손가락으로 가리킨 후, 계속 훑으면서) 처음부터 읽기 시작해서 "그만"이라고 할 때까지 최대한 정확하게, 그리고 최대한 빨리 읽으세요. 글을 읽다가 모르는 글자가 나오면 선생님이 어떻게 해야 할지 알려 줄게요. 최선을 다하세요. 질문 있어요? (질문이 있으면 질문에 대답한다.) 준비, 시작. (학생이 첫 어절을 말함과 동시에 타이머를 누르고 1분간 학생의 반응을 기록한 뒤 1분이 지나면 "그만"이라고 말한다.)

옛날 옛적 어느 마을에 글공부하는 한 선비가 살았습니다. 선비는 아주 어릴 때부터 오로지 집에만 들어앉아 글만 읽었답니다. 그러니 자연스럽게 세상을 사는 이치를 알지 못하는 숙맥으로 커 버렸지요. 얼마나 어수룩한지 말과 소를 구별하지 못하였으니 말 다 했지요. 그래도 나이가 들어서는 어찌어찌해서 결혼을 했지만 계속해서 글공부만 했답니다.

그렇게 하루하루 살아가는데 이웃 마을에 사는 친척이 죽었다는 소식을 들었지요. 하지만 선비는 문상을 가서 어떻게 하는지 알 턱이 없었지요. 그래서 걱정이 이만저만이 아닌 아내가 선비를 붙잡고 하나하나 가르쳤답니다.

"여보 당신, 지금부터 제가 말씀드리는 것을 잘 기억해야 합니다. 먼저 강 건너 마을에 가서 사람들에게 물어 강서방을 찾으세요. 이번에 연락이 온 아버님의 돌아가신 친척분이 바로 강서방 삼촌이랍니다. 혹시라도 강서방을 잊어버리거든 이 종이를 펼쳐 보면 기억할 거예요."

아내는 강아지를 보고 강서방을 떠올리라고 종이에 강아지를 하나 그렸지요. 강아지의 '강' 자와 강서방의 '강' 자를 연결시킬 수 있을 거라 생각했지요.

"강서방네 집에 들어가거든 강서방에게 깍듯이 인사를 하고 어이곡을 하세요. 혹시 무얼 해야 할지 잊어버리면 이 종이를 펼쳐 보세요."

아내는 어린아이를 보고 어이곡을 떠올리라고 종이에 어린아이를 그려 주었답니다. 초상집에서 '어이어이' 하고 우는 모습이 노래 같다고 해서 어이곡이라 하지요. 마찬가지로 아내는 어이곡의 '어' 자와 어린아이의 '어' 자를 연결하면 된다고 생각했지요. 종이에 그림까지 그려 주고 잊어버렸을 때는 어떻게 떠올리는지 단단히 일러 주었답니다.

선비는 아내의 당부를 마음에 새겨듣고는 멋지게 말을 타고 떠났습니다. 하지만 숙맥인 선비를 보내는 아내의 마음은 불안과 걱정으로 가득했답니다. 말을 타고 가던 선비가 개울을 건너다 신발 하나를 떨어뜨렸지요. 당황한 선비는 말에서 내려 떠내려가는 신발을 좇아 한참을 뛰어갔습니다. 하지만 선비보다 빨리 떠내려간 신발을 도저히 찾을 수가 없었지요. 실망한 선비는 신발 한 짝만 신은 채 터덜터덜 올라왔습니다. 아니 그런데 이번에는 말이 그새 어디론가 가 버리고 말았지요. 어쩔 수 없이 신발 한 짝만 지익지익 끌면서 건넛마을로 갔습니다.

건넛마을에 도착하자마자 일이 났는데, 다름이 아니라 누굴 찾아가야 할지 잊어버렸지요. 아무리 생각을 해도 기억나지 않자 아내가 준 종이를 펼쳤습니다.

'아하, 그렇구나, 강아지가 멍멍하고 짖으니까 멍서방을 찾으라는 말이로군.'

강아지 그림을 보고 이렇게 생각한 선비는 지나가는 사람들에게 물었지요.

"여보시오, 저는 이웃 마을 사람인데 사람을 찾소, 멍서방네가 어디요?"

"예끼, 내 살다 살다 박서방 김서방은 들었어도 멍서방은 처음이네."

세상에 없는 멍서방을 찾으니 지나다니는 사람들이 선비를 이상하게 쳐다보았지요. 그래도 어찌어찌해서 겨우 강서방네를 찾아 강서방에게 공손하게 인사를 드렸습니다. 그런데 그다음에 무얼 하라고 아내가 일러 주었는데 그걸 잊어버렸지요. 그래서 또다시 아내가 그려 준 종이를 펼쳐 보았습니다.

'아하, 그렇구나, 어린아이가 울 때 '응애응애' 하니까 응애곡을 하라는 거구나.'

이렇게 생각한 선비는 철퍼덕 주저앉아 갓난아기처럼 응애응애 큰 소리로 울었지요. 둘레에 있던 사람들은 황당하고 우스워서 한바탕 배꼽을 잡고 웃었답니다. 선비가 애기 울음소리를 멈추자 강서방은 선비를 당장 일으켜 세웠습니다. 그러고는 선비에게 문상을 가서는 어떻게 하는지 잘 일러 주고 다시 집으로 보냈답니다.

읽기유창성 점수: ______________

▶ 사전평가와 사후평가의 지문은 학지사 홈페이지(http://www.hakjisa.co.kr)에서 내려받을 수 있습니다.

1 단어를 빠르고 정확하게 읽기

다음 단어를 바르게 읽어 봅시다

숙맥으로	문상을
잊어버리거든	깍듯이
당부를	가득했답니다
당황한	쫓아
건넛마을로	짖으니까
공손하게	잊어버렸지요

▶ 이 페이지의 내용은 복사하거나 학지사 홈페이지(http://www.hakjisa.co.kr)에서 내려받아 사용하세요!

다음 단어들을 빠르고 정확하게 읽어 봅시다

숙맥으로	문상을	잊어버리거든	깍듯이	당부를
가득했답니다	당황한	쫓아	건넛마을로	짖으니까
공손하게	잊어버렸지요	숙맥으로	문상을	잊어버리거든
깍듯이	당부를	가득했답니다	당황한	쫓아
건넛마을로	짖으니까	공손하게	잊어버렸지요	숙맥으로
문상을	잊어버리거든	깍듯이	당부를	가득했답니다
당황한	쫓아	건넛마을로	짖으니까	공손하게
잊어버렸지요	숙맥으로	문상을	잊어버리거든	깍듯이
당부를	가득했답니다	당황한	쫓아	건넛마을로
짖으니까	공손하게	잊어버렸지요	숙맥으로	문상을
잊어버리거든	깍듯이	당부를	가득했답니다	당황한

▶ 이 페이지의 내용은 복사하거나 학지사 홈페이지(http://www.hakjisa.co.kr)에서 내려받아 사용하세요!

2 어휘의 뜻 알아보기

다음 단어를 알아봅시다

예시문을 읽고, 내가 생각하는 단어의 뜻을 써 봅시다.

올바른 단어의 뜻을 써 봅시다.

정의

숙맥

예시문 그러니 자연스럽게 세상을 사는 이치를 알지 못하는 숙맥으로 커 버렸지요.

비슷한 말

-
-
-

문장 만들기

비슷한 말을 넣어서 문장을 완성해 봅시다.

그러니 자연스럽게 세상을 사는 이치를 알지 못하는 ________ 으로 커 버렸지요.

새로운 문장을 만들어 써 봅시다.

도전문제

숙맥인 사람을 본 적이 있나요? 왜 그 사람을 숙맥이라고 생각하나요?

예시문을 읽고, 내가 생각하는 단어의 뜻을 써 봅시다.

____

올바른 단어의 뜻을 써 봅시다.

____

정의

문상

예시문 하지만 선비는 문상을 가서 어떻게 하는지 알 턱이 없었지요.

비슷한 말

- ______________
- ______________
- ______________

문장 만들기

비슷한 말을 넣어서 문장을 완성해 봅시다.

하지만 선비는 ____________을 가서 어떻게 하는지 알 턱이 없었지요.

새로운 문장을 만들어 써 봅시다.

____

도전문제

언제 문상을 가나요?

____

____

예시문을 읽고, 내가 생각하는 단어의 뜻을 써 봅시다.

____

올바른 단어의 뜻을 써 봅시다.

____

정의

당부

예시문 선비는 아내의 당부를 마음에 새겨듣고는 멋지게 말을 타고 떠났습니다.

비슷한 말

- ______________
- ______________
- ______________

문장 만들기

비슷한 말을 넣어서 문장을 완성해 봅시다.

선비는 아내의 ____________를 마음에 새겨듣고는 멋지게 말을 타고 떠났습니다.

새로운 문장을 만들어 써 봅시다.

____

도전문제

부모님이 내게 당부하신 적이 있나요? 어떤 일을 당부하셨나요?

____

____

예시문을 읽고, 내가 생각하는 단어의 뜻을 써 봅시다.

____

올바른 단어의 뜻을 써 봅시다.

____

정의

당황하다

비슷한 말
- ______
- ______
- ______

반대말
- ______
- ______
- ______

예시문 당황한 선비는 말에서 내려 떠내려가는 신발을 좇아 한참을 뛰어갔습니다.

문장 만들기

비슷한 말을 넣어서 문장을 완성해 봅시다.

______ 선비는 말에서 내려 떠내려가는 신발을 좇아 한참을 뛰어갔습니다.

새로운 문장을 만들어 써 봅시다.

____

도전문제

문장에 맞게 단어가 사용되었는지 생각해 봅시다.

◆ 불이 났을 때에는 당황하지 않고 침착하게 행동해야 한다.

예( ) 아니요 ( ) 왜 그렇다고 생각하나요? ______

◆ 늘 풀던 문제가 시험에 나와서 당황했다.

예( ) 아니요 ( ) 왜 그렇다고 생각하나요? ______

예시문을 읽고, 내가 생각하는 단어의 뜻을 써 봅시다.

올바른 단어의 뜻을 써 봅시다.

정의

공손하다

예시문 그래도 어찌어찌해서 겨우 강서방네를 찾아 강서방에게 공손하게 인사를 드렸습니다.

비슷한 말

-
-
-

반대말

-
-
-

문장 만들기

비슷한 말을 넣어서 문장을 완성해 봅시다.

그래도 어찌어찌해서 겨우 강서방네를 찾아 강서방에게 ______ 인사를 드렸습니다.

새로운 문장을 만들어 써 봅시다.

도전문제

공손한 행동은 어떤 행동일까요? 예를 들어 보세요.

1 다음 단어를 읽어 봅시다.
서로 뜻이 반대인 말끼리 연결해 봅시다.

오만하다 •	• 당황하다
태연하다 •	• 공손하다

2 다음 단어를 읽어 봅시다.
서로 뜻이 비슷한 말끼리 연결해 봅시다.

당부 •	• 문상
조문 •	• 부탁

3 어구를 빠르고 정확하게 읽기

다음 어구를 바르게 읽어 봅시다

어떻게 하는지 알 턱이 없었지요

이번에 연락이 온 아버님의 돌아가신 친척분이

강서방네 집에 들어가거든

아내의 당부를 마음에 새겨듣고는

신발을 도저히 찾을 수가 없었지요

건넛마을에 도착하자마자

세상에 없는 명서방을 찾으니

어떻게 하는지 잘 일러 주고

세상을 사는 이치를 알지 못하는 숙맥으로

걱정이 이만저만이 아닌 아내가

연결시킬 수 있을 거라 생각했지요

혹시 무얼 해야 할지 잊어버리면

선비보다 빨리 떠내려간 신발을

신발 한 짝만 신은 채

누굴 찾아가야 할지 잊어버렸지요

한바탕 배꼽을 잡고 웃었답니다

다음 어구/절들을 빠르고 정확하게 읽어 봅시다

걱정이 이만저만이 아닌 아내가
강서방네 집에 들어가거든
선비보다 빨리 떠내려간 신발을
건넛마을에 도착하자마자
한바탕 배꼽을 잡고 웃었답니다
어떻게 하는지 알 턱이 없었지요
연결시킬 수 있을 거라 생각했지요
아내의 당부를 마음에 새겨듣고는
신발 한 짝만 신은 채
세상에 없는 명서방을 찾으니
세상을 사는 이치를 알지 못하는 숙맥으로
이번에 연락이 온 아버님의 돌아가신 친척분이
혹시 무엇 해야 할지 잊어버리면
신발을 도저히 찾을 수가 없었지요
누굴 찾아가야 할지 잊어버렸지요
어떻게 하는지 잘 일러 주고
걱정이 이만저만이 아닌 아내가
강서방네 집에 들어가거든
선비보다 빨리 떠내려간 신발을

어떻게 하는지 알 턱이 없었지요
연결시킬 수 있을 거라 생각했지요
아내의 당부를 마음에 새겨듣고는
신발 한 짝만 신은 채
세상에 없는 명서방을 찾으니
세상을 사는 이치를 알지 못하는 숙맥으로
이번에 연락이 온 아버님의 돌아가신 친척분이
혹시 무엇 해야 할지 잊어버리면
신발을 도저히 찾을 수가 없었지요
누굴 찾아가야 할지 잊어버렸지요
어떻게 하는지 잘 일러 주고
걱정이 이만저만이 아닌 아내가
강서방네 집에 들어가거든
선비보다 빨리 떠내려간 신발을
건넛마을에 도착하자마자
한바탕 배꼽을 잡고 웃었답니다
어떻게 하는지 알 턱이 없었지요
연결시킬 수 있을 거라 생각했지요
아내의 당부를 마음에 새겨듣고는

세상을 사는 이치를 알지 못하는 숙맥으로
이번에 연락이 온 아버님의 돌아가신 친척분이
혹시 무엇 해야 할지 잊어버리면
신발을 도저히 찾을 수가 없었지요
누굴 찾아가야 할지 잊어버렸지요
어떻게 하는지 잘 일러 주고
걱정이 이만저만이 아닌 아내가
강서방네 집에 들어가거든
선비보다 빨리 떠내려간 신발을
건넛마을에 도착하자마자
한바탕 배꼽을 잡고 웃었답니다
어떻게 하는지 알 턱이 없었지요
연결시킬 수 있을 거라 생각했지요
아내의 당부를 마음에 새겨듣고는
신발 한 짝만 신은 채
세상에 없는 명서방을 찾으니
세상을 사는 이치를 알지 못하는 숙맥으로
이번에 연락이 온 아버님의 돌아가신 친척분이
혹시 무엇 해야 할지 잊어버리면

▶ 이 페이지의 내용은 복사하거나 학지사 홈페이지(http://www.hakjisa.co.kr)에서 내려받아 사용하세요!

4 글을 빠르고 정확하게 읽기

다음 글을 / 표시된 곳에서 끊어 읽어 봅시다. 읽을 때 빠르고 정확하게 읽도록 합시다

옛날 옛적 / 어느 마을에 / 글공부하는 한 선비가 / 살았습니다. / 선비는 / 아주 어릴 때부터 / 오로지 집에만 들어앉아 / 글만 읽었답니다. / 그러니 / 자연스럽게 / 세상을 사는 이치를 알지 못하는 숙맥으로 / 커 버렸지요. / 얼마나 어수룩한지 / 말과 소를 구별하지 못하였으니 / 말 다 했지요. / 그래도/ 나이가 들어서는 / 어찌어찌해서 결혼을 했지만 / 계속해서 글공부만 했답니다. /

그렇게 하루하루 살아가는데 / 이웃 마을에 사는 친척이 죽었다는 소식을 들었지요. / 하지만 / 선비는 / 문상을 가서 / 어떻게 하는지 알 턱이 없었지요. / 그래서 / 걱정이 이만저만이 아닌 아내가 / 선비를 붙잡고 / 하나하나 가르쳤답니다. /

"여보 당신, / 지금부터 / 제가 말씀드리는 것을 잘 기억해야 합니다. / 먼저 / 강 건너 마을에 가서 / 사람들에게 물어 / 강서방을 찾으세요. / 이번에 연락이 온 아버님의 돌아가신 친척분이 / 바로 강서방 삼촌이랍니다. / 혹시라도 / 강서방을 잊어버리거든 / 이 종이를 펼쳐 보면 / 기억할 거예요." /

아내는 / 강아지를 보고 강서방을 떠올리라고 / 종이에 / 강아지를 하나 그렸지요. / 강아지의 '강' 자와 강서방의 '강' 자를 / 연결시킬 수 있을 거라 생각했지요. /

"강서방네 집에 들어가거든 / 강서방에게 / 깍듯이 인사를 하고 / 어이곡을 하세요. / 혹시 무얼 해야 할지 잊어버리면 / 이 종이를 펼쳐 보세요." /

아내는 / 어린아이를 보고 어이곡을 떠올리라고 / 종이에 / 어린아이를 그려 주었답니다. /초상집에서 / '어이어이' 하고 우는 모습이 / 노래 같다고 해서 / 어이곡이라 하지요. / 마찬가지로 / 아내는 / 어이곡의 '어' 자와 어린아이의 '어' 자를 / 연결하면 된다고 생각했지요. / 종이에 / 그림까지 그려 주고 / 잊어버렸을 때는 어떻게 떠올리는지 / 단단히 일러주었답니다. /

선비는 / 아내의 당부를 마음에 새겨듣고는 / 멋지게 / 말을 타고 떠났습니다. / 하지만 / 숙맥인 선비를 보내는 아내의 마음은 / 불안과 걱정으로 가득했답니다. / 말을 타고 가던

선비가 / 개울을 건너다 / 신발 하나를 떨어뜨렸지요. / 당황한 선비는 / 말에서 내려 / 떠내려가는 신발을 쫓아 / 한참을 뛰어갔습니다. / 하지만 / 선비보다 빨리 떠내려간 신발을 / 도저히 찾을 수가 없었지요. / 실망한 선비는 / 신발 한 짝만 신은 채 / 터덜터덜 올라왔습니다. / 아니 그런데 / 이번에는 / 말이 / 그새 어디론가 / 가 버리고 말았지요. / 어쩔 수 없이 / 신발 한 짝만 지익지익 끌면서 / 건넛마을로 갔습니다. /

건넛마을에 도착하자마자 일이 났는데, / 다름이 아니라 / 누굴 찾아가야 할지 잊어버렸지요. / 아무리 생각을 해도 / 기억나지 않자 / 아내가 준 종이를 펼쳤습니다. /

'아하, / 그렇구나, / 강아지가 멍멍하고 짖으니까 / 멍서방을 찾으라는 말이로군.' /

강아지 그림을 보고 / 이렇게 생각한 선비는 / 지나가는 사람들에게/ 물었지요. /

"여보시오, / 저는 이웃 마을 사람인데 / 사람을 찾소, / 멍서방네가 어디요?" /

"예끼, / 내 살다 살다 / 박서방 김서방은 들었어도 / 멍서방은 처음이네." /

세상에 없는 멍서방을 찾으니 / 지나다니는 사람들이 / 선비를 이상하게 쳐다보았지요. / 그래도 / 어찌어찌해서 / 겨우 강서방네를 찾아 / 강서방에게 / 공손하게 인사를 드렸습니다. / 그런데 / 그다음에 무얼 하라고 / 아내가 일러 주었는데 / 그걸 잊어버렸지요. / 그래서 / 또다시 / 아내가 그려 준 종이를 펼쳐 보았습니다. /

'아하, / 그렇구나, / 어린아이가 울 때 '응애응애' 하니까 / 응애곡을 하라는 거구나.' /

이렇게 생각한 선비는 / 철퍼덕 주저앉아 / 갓난아기처럼 / 응애응애 큰 소리로 울었지요. / 둘레에 있던 사람들은 / 황당하고 우스워서 / 한바탕 배꼽을 잡고 웃었답니다. / 선비가 / 애기 울음소리를 멈추자 / 강서방은 / 선비를 당장 일으켜 세웠습니다. / 그러고는 / 선비에게 / 문상을 가서는 / 어떻게 하는지 잘 일러 주고 / 다시 집으로 보냈답니다. /

6 이야기 지도 사용하여 글 읽고 이해하기: 인물, 시장, 사건, 끝을 기억하며 글의 내용 파악하기

'이야기 지도(인물, 시장, 사건, 끝)'를 사용하여 글의 내용을 파악해 봅시다

멍서방이 된 강서방

옛날 옛적 어느 마을에 글공부하는 한 선비가 살았습니다. 선비는 아주 어릴 때부터 오로지 집에만 들어앉아 글만 읽었답니다. 그러니 자연스럽게 세상을 사는 이치를 알지 못하는 숙맥으로 커 버렸지요. 얼마나 어수룩한지 말과 소를 구별하지 못하였으니 말 다 했지요. 그래도 나이가 들어서는 어찌어찌해서 결혼을 했지만 계속해서 글공부만 했답니다.

그렇게 하루하루 살아가는데 이웃 마을에 사는 친척이 죽었다는 소식을 들었지요. 하지만 선비는 문상을 가서 어떻게 하는지 알 턱이 없었지요. 그래서 걱정이 이만저만이 아닌 아내가 선비를 붙잡고 하나하나 가르쳤답니다.

"여보 당신, 지금부터 제가 말씀드리는 것을 잘 기억해야 합니다. 먼저 강 건너 마을에 가서 사람들에게 물어 강서방을 찾으세요. 이번에 연락이 온 아버님의 돌아가신 친척분이 바로 강서방 삼촌이랍니다. 혹시라도 강서방을 잊어버리거든 이 종이를 펼쳐 보면 기억할 거예요."

아내는 강아지를 보고 강서방을 떠올리라고 종이에 강아지를 하나 그렸지요. 강아지의 '강' 자와 강서방의 '강' 자를 연결시킬 수 있을 거라 생각했지요.

"강서방네 집에 들어가거든 강서방에게 깍듯이 인사를 하고 어이곡을 하세요. 혹시 무얼 해야 할지 잊어버리면 이 종이를 펼쳐 보세요."

아내는 어린아이를 보고 어이곡을 떠올리라고 종이에 어린아이를 그려 주었답니다.

초상집에서 '어이어이' 하고 우는 모습이 노래 같다고 해서 어이곡이라 하지요. 마찬가지로 아내는 어이곡의 '어' 자와 어린아이의 '어' 자를 연결하면 된다고 생각했지요. 종이에 그림까지 그려 주고 잊어버렸을 때는 어떻게 떠올리는지 단단히 일러 주었답니다.

선비는 아내의 당부를 마음에 새겨듣고는 멋지게 말을 타고 떠났습니다. 하지만 숙맥인 선비를 보내는 아내의 마음은 불안과 걱정으로 가득했답니다. 말을 타고 가던 선비가 개울을 건너다 신발 하나를 떨어뜨렸지요. 당황한 선비는 말에서 내려 떠내려가는 신발을 쫓아 한참을 뛰어갔습니다. 하지만 선비보다 빨리 떠내려간 신발을 도저히 찾을 수가 없었지요. 실망한 선비는 신발 한 짝만 신은 채 터덜터덜 올라왔습니다. 아니 그런데 이번에는 말이 그새 어디론가 가 버리고 말았지요. 어쩔 수 없이 신발 한 짝만 지익지익 끌면서 건넛마을로 갔습니다.

건넛마을에 도착하자마자 일이 났는데, 다름이 아니라 누굴 찾아가야 할지 잊어버렸지요. 아무리 생각을 해도 기억나지 않자 아내가 준 종이를 펼쳤습니다.

'아하, 그렇구나, 강아지가 멍멍하고 짖으니까 멍서방을 찾으라는 말이로군.'

강아지 그림을 보고 이렇게 생각한 선비는 지나가는 사람들에게 물었지요.

"여보시오, 저는 이웃 마을 사람인데 사람을 찾소, 멍서방네가 어디요?"

"예끼, 내 살다 살다 박서방 김서방은 들었어도 멍서방은 처음이네."

세상에 없는 멍서방을 찾으니 지나다니는 사람들이 선비를 이상하게 쳐다보았지요. 그래도 어찌어찌해서 겨우 강서방네를 찾아 강서방에게 공손하게 인사를 드렸습니다. 그런데 그다음에 무얼 하라고 아내가 일러 주었는데 그걸 잊어버렸지요. 그래서 또다시 아내가 그려 준 종이를 펼쳐 보았습니다.

'아하, 그렇구나, 어린아이가 울 때 '응애응애' 하니까 응애곡을 하라는 거구나.'

이렇게 생각한 선비는 철퍼덕 주저앉아 갓난아기처럼 응애응애 큰 소리로 울었지요. 둘레에 있던 사람들은 황당하고 우스워서 한바탕 배꼽을 잡고 웃었답니다. 선비가 애기 울음소리를 멈추자 강서방은 선비를 당장 일으켜 세웠습니다. 그러고는 선비에게 문상을 가서는 어떻게 하는지 잘 일러 주고 다시 집으로 보냈답니다.

제목: 멍서방이 된 강서방

1 인물 이야기에 등장하는 인물은 누구인가요?

2 시간과 장소 언제, 어디에서 일어난 이야기인가요?

시간:

장소:

3 사건들 인물에게 어떤 일들이 일어났나요? 일이 어떠한 차례로 일어났나요?

4 끝 이야기가 어떻게 끝났나요?

7 글의 주제 알기

글의 주제를 알아봅시다

글의 주제는 글쓴이가 읽는 이에게 말하고자 하는 생각 또는 의견입니다. 글의 주제는 '~하자, 해야 한다' 또는 '~하지 말자, 하지 말아야 한다'로 만들 수 있습니다.

'멍서방이 된 강서방'을 읽고, 글의 주제를 써 봅시다.

읽기유창성

지시문

앞에 있는 종이에 글이 있어요. 이제 선생님이 "시작"이라고 하면(학생용 평가지의 첫 어절을 손가락으로 가리킨 후, 계속 훑으면서) 처음부터 읽기 시작해서 "그만"이라고 할 때까지 최대한 정확하게, 그리고 최대한 빨리 읽으세요. 글을 읽다가 모르는 글자가 나오면 선생님이 어떻게 해야 할지 알려 줄게요. 최선을 다하세요. 질문 있어요? (질문이 있으면 질문에 대답한다.) 준비, 시작. (학생이 첫 어절을 말함과 동시에 타이머를 누르고 1분간 학생의 반응을 기록한 뒤 1분이 지나면 "그만"이라고 말한다.)

옛날 옛적 어느 마을에 글공부하는 한 선비가 살았습니다. 선비는 아주 어릴 때부터 오로지 집에만 들어앉아 글만 읽었답니다. 그러니 자연스럽게 세상을 사는 이치를 알지 못하는 숙맥으로 커 버렸지요. 얼마나 어수룩한지 말과 소를 구별하지 못하였으니 말 다 했지요. 그래도 나이가 들어서는 어찌어찌해서 결혼을 했지만 계속해서 글공부만 했답니다.

그렇게 하루하루 살아가는데 이웃 마을에 사는 친척이 죽었다는 소식을 들었지요. 하지만 선비는 문상을 가서 어떻게 하는지 알 턱이 없었지요. 그래서 걱정이 이만저만이 아닌 아내가 선비를 붙잡고 하나하나 가르쳤답니다.

"여보 당신, 지금부터 제가 말씀드리는 것을 잘 기억해야 합니다. 먼저 강 건너 마을에 가서 사람들에게 물어 강서방을 찾으세요. 이번에 연락이 온 아버님의 돌아가신 친척분이 바로 강서방 삼촌이랍니다. 혹시라도 강서방을 잊어버리거든 이 종이를 펼쳐 보면 기억할 거예요."

아내는 강아지를 보고 강서방을 떠올리라고 종이에 강아지를 하나 그렸지요. 강아지의 '강' 자와 강서방의 '강' 자를 연결시킬 수 있을 거라 생각했지요.

"강서방네 집에 들어가거든 강서방에게 깍듯이 인사를 하고 어이곡을 하세요. 혹시 무얼 해야 할지 잊어버리면 이 종이를 펼쳐 보세요."

아내는 어린아이를 보고 어이곡을 떠올리라고 종이에 어린아이를 그려 주었답니다. 초상집에서 '어이어이' 하고 우는 모습이 노래 같다고 해서 어이곡이라 하지요. 마찬가지로 아내는 어이곡의 '어' 자와 어린아이의 '어' 자를 연결하면 된다고 생각했지요. 종이에 그림까지 그려 주고 잊어버렸을 때는 어떻게 떠올리는지 단단히 일러 주었답니다.

선비는 아내의 당부를 마음에 새겨듣고는 멋지게 말을 타고 떠났습니다. 하지만 숙맥인 선비를 보내는 아내의 마음은 불안과 걱정으로 가득했답니다. 말을 타고 가던 선비가 개울을 건너다 신발 하나를 떨어뜨렸지요. 당황한 선비는 말에서 내려 떠내려가는 신발을 좇아 한참을 뛰어갔습니다. 하지만 선비보다 빨리 떠내려간 신발을 도저히 찾을 수가 없었지요. 실망한 선비는 신발 한 짝만 신은 채 터덜터덜 올라왔습니다. 아니 그런데 이번에는 말이 그새 어디론가 가 버리고 말았지요. 어쩔 수 없이 신발 한 짝만 지익지익 끌면서 건넛마을로 갔습니다.

건넛마을에 도착하자마자 일이 났는데, 다름이 아니라 누굴 찾아가야 할지 잊어버렸지요. 아무리 생각을 해도 기억나지 않자 아내가 준 종이를 펼쳤습니다.

'아하, 그렇구나, 강아지가 멍멍하고 짖으니까 멍서방을 찾으라는 말이로군.'

강아지 그림을 보고 이렇게 생각한 선비는 지나가는 사람들에게 물었지요.

"여보시오, 저는 이웃 마을 사람인데 사람을 찾소, 멍서방네가 어디요?"

"예끼, 내 살다 살다 박서방 김서방은 들었어도 멍서방은 처음이네."

세상에 없는 멍서방을 찾으니 지나다니는 사람들이 선비를 이상하게 쳐다보았지요. 그래도 어찌어찌해서 겨우 강서방네를 찾아 강서방에게 공손하게 인사를 드렸습니다. 그런데 그다음에 무얼 하라고 아내가 일러 주었는데 그걸 잊어버렸지요. 그래서 또다시 아내가 그려 준 종이를 펼쳐 보았습니다.

'아하, 그렇구나, 어린아이가 울 때 '응애응애' 하니까 응애곡을 하라는 거구나.'

이렇게 생각한 선비는 철퍼덕 주저앉아 갓난아기처럼 응애응애 큰 소리로 울었지요. 둘레에 있던 사람들은 황당하고 우스워서 한바탕 배꼽을 잡고 웃었답니다. 선비가 애기 울음소리를 멈추자 강서방은 선비를 당장 일으켜 세웠습니다. 그러고는 선비에게 문상을 가서는 어떻게 하는지 잘 일러 주고 다시 집으로 보냈답니다.

읽기유창성 점수: ____________

▶ 사전평가와 사후평가의 지문은 학지사 홈페이지(http://www.hakjisa.co.kr)에서 내려받을 수 있습니다.

읽기이해

다음 질문에 최대한 자세히 답을 써 주세요.

(※ 쓰는 것이 어려운 학생의 경우, 구두로 답하도록 하세요.)

1 이야기에 나오는 중심인물은 누구인가요? 세 사람을 써 보세요.

2 언제, 어디에서 있었던 일인가요?

1) 언제:

2) 어디서:

3 선비는 어떤 사람인가요?

4 아내가 선비에게 부탁한 것은 무엇무엇인가요?

5 아내가 종이에 강아지와 어린아이를 그려 준 까닭은 무엇일까요?

6 아내가 일러 준 것을 잊어버린 선비는 아내가 그려 준 종이를 펼치고 어떻게 하였나요?

7 이야기에 나오는 아내는 어떤 사람일까요? 그것을 어떻게 알 수 있는지 글에서 찾아 써 보세요.

1) 아내는 어떤 사람일까요?

2) 그것을 어떻게 알 수 있나요?

6. 신랑을 찾습니다

학 ◇ 습 ◇ 목 ◇ 표

- 글을 읽을 때, 적당한 부분에서 글을 빠르고 정확하게 끊어 읽을 수 있다.
- 글을 읽고, 글의 중심내용과 글의 주제를 파악할 수 있다.

사 ◇ 전 ◇ 평 ◇ 가

지시문

앞에 있는 종이에 글이 있어요. 이제 선생님이 "시작"이라고 하면(학생용 평가지의 첫 어절을 손가락으로 가리킨 후, 계속 훑으면서) 처음부터 읽기 시작해서 "그만"이라고 할 때까지 최대한 정확하게, 그리고 최대한 빨리 읽으세요. 글을 읽다가 모르는 글자가 나오면 선생님이 어떻게 해야 할지 알려 줄게요. 최선을 다하세요. 질문 있어요? (질문이 있으면 질문에 대답한다.) 준비, 시작. (학생이 첫 어절을 말함과 동시에 타이머를 누르고 1분간 학생의 반응을 기록한 뒤 1분이 지나면 "그만"이라고 말한다.)

옛날 옛적에 어느 깊은 산골 마을에 한 처녀가 살았습니다. 어렸을 때 어머니와 아버지가 병으로 돌아가셨기 때문에 처녀는 혼자였지요. 그래서 처녀는 뭐든지 스스로 할 수 있는 재주를 익혔답니다. 마치 무인도에 갇힌 로빈슨크루소처럼 살기 위해서는 어쩔 수가 없었지요. 밥하고 빨래하는 건 물론이고 밭일과 논일도 모두 다 했습니다. 그 가운데 베 짜는 재주는 귀신도 울고 갈 지경이었어요. 한여름 첫새벽에 베틀에 올라앉으면 하루 만에 삼베옷 100벌을 척하고 만들었지요.

처녀는 제법 나이가 들어차 결혼을 할 때가 되었습니다. 하지만 재주가 이렇게도 좋으니 아무하고나 결혼하고 싶지 않았지요. 그래서 자기처럼 재주 좋은 총각을 찾기 위해 소문을 냈습니다.

'재주 좋은 총각에게 시집갈 재주 좋은 처녀가 있습니다. 총각들은 모두 모여 재주 겨루기를 하여 처녀와 결혼하도록 하옵소서.'

처녀는 산 아래 마을로 내려가 이렇게 소문을 내고 기다렸습니다.

그랬더니 하루는 비가 억수같이 쏟아지는데 어떤 총각 하나가 찾아왔습니다. 그런데 삿갓은 물론이고 도롱이도 쓰지 않고 그냥 맨몸으로 왔습니다. 하지만 이상하게도 흠뻑 젖어야 할 몸이 뽀송뽀송하였답니다.

"이 댁에서 재주 있는 신랑감을 구한다는 소문을 듣고 왔소이다."

"이렇게 비가 오는 날 찾아주셔서 고맙습니다만 어떤 재주가 있습니까?"

"예, 나는 비를 맞지 않고 요리조리 피해 가는 재주가 있소이다."

총각은 말이 끝나자마자 비가 쏟아지는 마당으로 나가 요리조리 돌아다녔습니다. 아무것도 쓰지 않은 맨몸인데도 비 한 방울 안 맞았지요. 처녀도 대단한 재주라고 감탄하고는 총각에게 시집갈 생각을 했답니다.

그런데 그때 마침 또 한 총각이 당당하게 찾아왔습니다. 이 총각은 묵직한 자루 하나를 어깨에 짊어지고 집으로 들어왔습니다. 그러고는 묵직한 자루를 마루에 쿵하고 내려놓고 굵은 목소리로 말했습니다.

"이 댁에서 재주 있는 신랑감을 구한다는 소문을 듣고 왔소이다."

"아니 이렇게 저를 찾아주셔서 정말 고맙습니다만 어떤 재주가 있습니까?"

"나는 벼룩을 잡아서 머리카락으로 묶을 수 있는 재주가 있소이다."

그러더니 총각은 가져온 자루를 거꾸로 들더니 마루에 탁탁 털었어요. 그러니까 그 안에서 벼룩이 우르르 쏟아져 나와 팔딱거리며 돌아다녔지요. 총각은 그 벼룩을 다 잡아 머리카락으로 묶었답니다.

처녀가 또 감탄을 하며 바라보자 비를 피하는 총각이 나섰습니다.

"벼룩 그까짓 것을 잡아서 묶는 재주가 무슨 대단한 재주냐?"

"그러는 너는, 비 피해 다니는 게 뭐 그리 대단하냐?"

이러면서 두 총각이 뿔이 나서 주먹다짐을 하며 야단법석이 났습니다.

난처해진 처녀가 가운데서 말리다 그만 몸이 공중으로 붕 떴답니다. 정신없이 싸우던 총각들이 자신도 모르게 처녀를 집어던졌던 거지요. 처녀가 떨어지고 보니 웬 총각이 들고 있는 광주리 안이었답니다.

"아니 당신은 대체 누구이며 내가 왜 광주리 안에 있습니까?"

"신랑감을 구한다는 소문을 듣고 왔는데 마침 당신이 이리로 날아오더이다. 그래서 내가 뒷산 대나무밭에 가서 대나무를 베어다 광주리를 만들었지요. 그냥 받으면 다칠 것 같아 지금 만든 광주리로 받았습니다."

공중에 떴다 떨어지는 사이에 대나무를 베어 광주리를 만들었던 겁니다. 결국, 처녀는 자기 목숨을 살린 총각과 결혼해서 행복하게 살았답니다.

읽기유창성 점수: ________

▶ 사전평가와 사후평가의 지문은 학지사 홈페이지(http://www.hakjisa.co.kr)에서 내려받을 수 있습니다.

1 단어를 빠르고 정확하게 읽기

다음 단어를 바르게 읽어 봅시다

익혔답니다	무인도에
베틀에	차지하도록
삿갓은	묵직한
짊어지고	굵은
묶었답니다	야단법석이
난처해진	베어다

▶ 이 페이지의 내용은 복사하거나 학지사 홈페이지(http://www.hakjisa.co.kr)에서 내려받아 사용하세요!

다음 단어들을 빠르고 정확하게 읽어 봅시다

익혔답니다	무인도에	베틀에	차지하도록	삿갓은
묵직한	짊어지고	굵은	묶었답니다	야단법석이
난처해진	베어다	익혔답니다	무인도에	베틀에
차지하도록	삿갓은	묵직한	짊어지고	굵은
묶었답니다	야단법석이	난처해진	베어다	익혔답니다
무인도에	베틀에	차지하도록	삿갓은	묵직한
짊어지고	굵은	묶었답니다	야단법석이	난처해진
베어다	익혔답니다	무인도에	베틀에	차지하도록
삿갓은	묵직한	짊어지고	굵은	묶었답니다
야단법석이	난처해진	베어다	익혔답니다	무인도에
베틀에	차지하도록	삿갓은	묵직한	짊어지고

▶ 이 페이지의 내용은 복사하거나 학지사 홈페이지(http://www.hakjisa.co.kr)에서 내려받아 사용하세요!

2 어휘의 뜻 알아보기

다음 단어를 알아봅시다

예시문을 읽고, 내가 생각하는 단어의 뜻을 써 봅시다.

올바른 단어의 뜻을 써 봅시다.

정의

무인도

예시문 마치 무인도에 갇힌 로빈슨크루소처럼 살기 위해서는 어쩔 수가 없었지요.

문장 만들기

새로운 문장을 만들어 써 봅시다.

도전문제

혼자서 무인도에서 살게 된다면 어떨까요? 무인도에서 살아남기 위해서는 어떻게 해야 할까요?

예시문을 읽고, 내가 생각하는 단어의 뜻을 써 봅시다.

올바른 단어의 뜻을 써 봅시다.

정의

차지하다

예시문 총각들은 모두 모여 재주 겨루기를 하여 처녀를 차지하도록 하옵소서.

비슷한 말

-
-
-

문장 만들기

비슷한 말을 넣어서 문장을 완성해 봅시다.

총각들은 모두 모여 재주 겨루기를 하여 처녀를 ____________ 하옵소서.

새로운 문장을 만들어 써 봅시다.

도전문제

운동회에서 우승을 차지하기 위해서는 어떻게 해야 할까요?

예시문을 읽고, 내가 생각하는 단어의 뜻을 써 봅시다.

올바른 단어의 뜻을 써 봅시다.

정의

윤기

예시문 하지만 이상하게도 흠뻑 젖어야 할 몸이 뽀송뽀송하고 윤기가 흘렀답니다.

비슷한 말

- ________
- ________
- ________

문장 만들기

비슷한 말을 넣어서 문장을 완성해 봅시다.

하지만 이상하게도 흠뻑 젖어야 할 몸이 뽀송뽀송하고 ________가 흘렀답니다.

새로운 문장을 만들어 써 봅시다.

도전문제

가구에 윤기를 내기 위해서는 어떻게 해야 하나요?

예시문을 읽고, 내가 생각하는 단어의 뜻을 써 봅시다.

____

올바른 단어의 뜻을 써 봅시다.

____

정의

난처하다

예시문 난처해진 처녀가 가운데서 말리다 그만 몸이 공중으로 붕 떴답니다.

비슷한 말

- ______
- ______
- ______

문장 만들기

비슷한 말을 넣어서 문장을 완성해 봅시다.

______ 처녀가 가운데서 말리다 그만 몸이 공중으로 붕 떴답니다.

새로운 문장을 만들어 써 봅시다.

____

도전문제

문장에 맞게 단어가 사용되었는지 생각해 봅시다.

◆ 누명을 벗은 범인은 난처했다.

예( ) 아니요 ( ) 왜 그렇다고 생각하나요? ______

◆ 민국이는 비에 옷이 다 젖어서 난처했다.

예( ) 아니요 ( ) 왜 그렇다고 생각하나요? ______

예시문을 읽고, 내가 생각하는 단어의 뜻을 써 봅시다.

올바른 단어의 뜻을 써 봅시다.

정의

묵직하다

예시문 이 총각은 묵직한 자루 하나를 어깨에 짊어지고 집으로 들어왔습니다.

비슷한 말

-
-
-

반대말

-
-
-

문장 만들기

비슷한 말을 넣어서 문장을 완성해 봅시다.

이 총각은 ______ 자루 하나를 어깨에 짊어지고 집으로 들어왔습니다.

새로운 문장을 만들어 써 봅시다.

도전문제

문장에 맞게 단어가 사용되었는지 생각해 봅시다.

◆ 묵직한 택배 하나가 집으로 배달되어서 옮기느라 고생하였다.

예( ) 아니요 ( ) 왜 그렇다고 생각하나요? ______

◆ 작은 고양이가 묵직하여 쉽게 들어올렸다.

예( ) 아니요 ( ) 왜 그렇다고 생각하나요? ______

예시문을 읽고, 내가 생각하는 단어의 뜻을 써 봅시다.

올바른 단어의 뜻을 써 봅시다.

정의

비슷한 말

-
-
-

야단법석

예시문 이러면서 두 총각이 뿔이 나서 주먹다짐을 하며 야단법석이 났습니다.

문장 만들기

비슷한 말을 넣어서 문장을 완성해 봅시다.

이러면서 두 총각이 뿔이 나서 주먹다짐을 하며 ______이 났습니다.

새로운 문장을 만들어 써 봅시다.

도전문제

온 학교 학생들이 야단법석이었던 적이 있었나요? 왜 그랬나요?

다음 <보기>의 단어 중 비슷한 말끼리 묶어 봅시다.

보기

차지하다, 야단법석, 소유하다, 무겁다, 북새통, 난처하다, 난감하다, 묵직하다

1 ____________의 비슷한 말은 ____________입니다.

2 ____________의 비슷한 말은 ____________입니다.

3 ____________의 비슷한 말은 ____________입니다.

4 ____________의 비슷한 말은 ____________입니다.

3 어구를 빠르고 정확하게 읽기

다음 어구를 바르게 읽어 봅시다

밥하고 빨래하는 건 물론이고

삼베옷 100벌을 척하고 만들었지요

비가 억수같이 쏟아지는데

말이 끝나자마자

벼룩 그까짓 것을 잡아서 묶는

자기 목숨을 살린

마치 무인도에 갇힌 로빈슨크루소처럼 살기 위해서는

귀신도 울고 갈 지경이었어요

제법 나이가 들어차

재주 있는 신랑감을 구한다는 소문을 듣고 왔소이다

가져온 자루를 거꾸로 들더니

공중에 떴다 떨어지는 사이에

▶ 이 페이지의 내용은 복사하거나 학지사 홈페이지(http://www.hakjisa.co.kr)에서 내려받아 사용하세요!

다음 어구/절들을 빠르고 정확하게 읽어 봅시다

마치 무인도에 갇힌 로빈슨크루소처럼 살기 위해서는	밥하고 빨래하는 건 물론이고	귀신도 울고 갈 지경이었어요
삼베옷 100벌을 척하고 만들었지요	제법 나이가 들어차	비가 억수같이 쏟아지는데
재주 있는 신랑감을 구한다는 소문을 듣고 왔소이다	말이 끝나자마자	가져온 자루를 거꾸로 들더니
벼룩 그까짓 것을 잡아서 묶는	공중에 떴다 떨어지는 사이에	자기 목숨을 살린
마치 무인도에 갇힌 로빈슨크루소처럼 살기 위해서는	밥하고 빨래하는 건 물론이고	귀신도 울고 갈 지경이었어요
삼베옷 100벌을 척하고 만들었지요	제법 나이가 들어차	비가 억수같이 쏟아지는데
재주 있는 신랑감을 구한다는 소문을 듣고 왔소이다	말이 끝나자마자	가져온 자루를 거꾸로 들더니
벼룩 그까짓 것을 잡아서 묶는	공중에 떴다 떨어지는 사이에	자기 목숨을 살린
마치 무인도에 갇힌 로빈슨크루소처럼 살기 위해서는	밥하고 빨래하는 건 물론이고	귀신도 울고 갈 지경이었어요
삼베옷 100벌을 척하고 만들었지요	제법 나이가 들어차	비가 억수같이 쏟아지는데
재주 있는 신랑감을 구한다는 소문을 듣고 왔소이다	말이 끝나자마자	가져온 자루를 거꾸로 들더니
벼룩 그까짓 것을 잡아서 묶는	공중에 떴다 떨어지는 사이에	자기 목숨을 살린
마치 무인도에 갇힌 로빈슨크루소처럼 살기 위해서는	밥하고 빨래하는 건 물론이고	귀신도 울고 갈 지경이었어요
삼베옷 100벌을 척하고 만들었지요	제법 나이가 들어차	비가 억수같이 쏟아지는데
재주 있는 신랑감을 구한다는 소문을 듣고 왔소이다	말이 끝나자마자	가져온 자루를 거꾸로 들더니
벼룩 그까짓 것을 잡아서 묶는	공중에 떴다 떨어지는 사이에	자기 목숨을 살린
마치 무인도에 갇힌 로빈슨크루소처럼 살기 위해서는	밥하고 빨래하는 건 물론이고	귀신도 울고 갈 지경이었어요
삼베옷 100벌을 척하고 만들었지요	제법 나이가 들어차	비가 억수같이 쏟아지는데
재주 있는 신랑감을 구한다는 소문을 듣고 왔소이다	말이 끝나자마자	가져온 자루를 거꾸로 들더니

▶ 이 페이지의 내용은 복사하거나 학지사 홈페이지(http://www.hakjisa.co.kr)에서 내려받아 사용하세요!

4 글을 빠르고 정확하게 읽기

다음 글을 / 표시된 곳에서 끊어 읽어 봅시다. 읽을 때 빠르고 정확하게 읽도록 합시다

옛날 옛적에 / 어느 깊은 산골 마을에 / 한 처녀가 / 살았습니다. / 어렸을 때 / 어머니와 아버지가 / 병으로 돌아가셨기 때문에 / 처녀는 / 혼자였지요. / 그래서 / 처녀는 / 뭐든지 스스로 할 수 있는 재주를 익혔답니다. / 마치 무인도에 갇힌 로빈슨크루소처럼 살기 위해서는 / 어쩔 수가 / 없었지요. / 밥하고 빨래하는 건 물론이고 / 밭일과 논일도 / 모두 다 했습니다. / 그 가운데 / 베 짜는 재주는 / 귀신도 울고 갈 지경이었어요. / 한여름 첫새벽에 / 베틀에 올라앉으면 / 하루 만에 / 삼베옷 100벌을 척하고 만들었지요. /

처녀는 / 제법 나이가 들어차 / 결혼을 할 때가 / 되었습니다. / 하지만 / 재주가 이렇게도 좋으니 / 아무하고나 / 결혼하고 싶지 않았지요. / 그래서 / 자기처럼 / 재주 좋은 총각을 찾기 위해 / 소문을 냈습니다. /

'재주 좋은 총각에게 / 시집갈 재주 좋은 처녀가 / 있습니다. / 총각들은 / 모두 모여 / 재주 겨루기를 하여 / 처녀와 결혼하도록 하옵소서.' /

처녀는 / 산 아래 마을로 내려가 / 이렇게 소문을 내고 기다렸습니다. /

그랬더니 / 하루는 / 비가 억수같이 쏟아지는데 / 어떤 총각 하나가 / 찾아왔습니다. / 그런데 / 삿갓은 물론이고 / 도롱이도 쓰지 않고 / 그냥 맨몸으로 왔습니다. / 하지만 / 이상하게도 / 흠뻑 젖어야 할 몸이 / 뽀송뽀송하였답니다. /

"이 댁에서 / 재주 있는 신랑감을 구한다는 소문을 듣고 왔소이다." /

"이렇게 비가 오는 날 / 찾아주셔서 고맙습니다만 / 어떤 재주가/ 있습니까?" /

"예, / 나는 / 비를 맞지 않고 / 요리조리 피해 가는 재주가 있소이다." /

총각은 / 말이 끝나자마자 / 비가 쏟아지는 마당으로 나가 / 요리조리 돌아다녔습니다. / 아무것도 쓰지 않은 / 맨몸인데도 / 비 한 방울 안 맞았지요. / 처녀도 / 대단한 재주라고 감탄하고는 / 총각에게 / 시집갈 생각을 했답니다. /

그런데 / 그때 마침 / 또 한 총각이 / 당당하게 찾아왔습니다. / 이 총각은 / 묵직한 자루 하나를 / 어깨에 짊어지고 / 집으로 들어왔습니다. / 그러고는 / 묵직한 자루를 / 마루에 /

쿵하고 내려놓고 / 굵은 목소리로 말했습니다. /

"이 댁에서 / 재주 있는 신랑감을 구한다는 소문을 듣고 왔소이다." /

"아니 이렇게 / 저를 찾아주셔서 / 정말 고맙습니다만 / 어떤 재주가 / 있습니까?" /

"나는 / 벼룩을 잡아서 / 머리카락으로 묶을 수 있는 재주가 / 있소이다." /

그러더니 / 총각은 / 가져온 자루를 거꾸로 들더니 / 마루에 탁탁 털었어요. / 그러니까 / 그 안에서 / 벼룩이 / 우르르 쏟아져 나와 / 팔딱거리며 돌아다녔지요. /

총각은 / 그 벼룩을 다 잡아 / 머리카락으로 묶었답니다. /

처녀가 / 또 감탄을 하며 바라보자 / 비를 피하는 총각이 / 나섰습니다. /

"벼룩 그까짓 것을 잡아서 묶는 재주가 / 무슨 대단한 재주냐?" /

"그러는 너는, / 비 피해 다니는 게 / 뭐 그리 대단하냐?" /

이러면서 / 두 총각이 / 뿔이 나서 / 주먹다짐을 하며 / 야단법석이 났습니다. /

난처해진 처녀가 / 가운데서 말리다 / 그만 몸이 / 공중으로 붕 떴답니다. / 정신없이 싸우던 총각들이 / 자신도 모르게 / 처녀를 집어던졌던 거지요. / 처녀가 / 떨어지고 보니 / 웬 총각이 들고 있는 광주리 안이었답니다. /

"아니 / 당신은 / 대체 누구이며 / 내가 / 왜 / 광주리 안에 있습니까?" /

"신랑감을 구한다는 소문을 듣고 왔는데 / 마침 / 당신이 / 이리로 날아오더이다. / 그래서 / 내가 / 뒷산 대나무밭에 가서 / 대나무를 베어다 / 광주리를 만들었지요. / 그냥 받으면 다칠 것 같아 / 지금 만든 광주리로 받았습니다." /

공중에 떴다 떨어지는 사이에 / 대나무를 베어 / 광주리를 만들었던 겁니다. / 결국, / 처녀는 / 자기 목숨을 살린 총각과 결혼해서 / 행복하게 살았답니다. /

6 이야기 지도 사용하여 글 읽고 이해하기: 인물, 시장, 사건, 끝을 기억하며 글의 내용 파악하기

'이야기 지도(인물, 시장, 사건, 끝)'를 사용하여 글의 내용을 파악해 봅시다

신랑을 찾습니다

옛날 옛적에 어느 깊은 산골 마을에 한 처녀가 살았습니다. 어렸을 때 어머니와 아버지가 병으로 돌아가셨기 때문에 처녀는 혼자였지요. 그래서 처녀는 뭐든지 스스로 할 수 있는 재주를 익혔답니다. 마치 무인도에 갇힌 로빈슨크루소처럼 살기 위해서는 어쩔 수가 없었지요. 밥하고 빨래하는 건 물론이고 밭일과 논일도 모두 다 했습니다. 그 가운데 베 짜는 재주는 귀신도 울고 갈 지경이었어요. 한여름 첫새벽에 베틀에 올라앉으면 하루 만에 삼베옷 100벌을 척하고 만들었지요.

처녀는 제법 나이가 들어차 결혼을 할 때가 되었습니다. 하지만 재주가 이렇게도 좋으니 아무하고나 결혼하고 싶지 않았지요. 그래서 자기처럼 재주 좋은 총각을 찾기 위해 소문을 냈습니다.

'재주 좋은 총각에게 시집갈 재주 좋은 처녀가 있습니다. 총각들은 모두 모여 재주 겨루기를 하여 처녀와 결혼하도록 하옵소서.'

처녀는 산 아래 마을로 내려가 이렇게 소문을 내고 기다렸습니다.

그랬더니 하루는 비가 억수같이 쏟아지는데 어떤 총각 하나가 찾아왔습니다. 그런데 삿갓은 물론이고 도롱이도 쓰지 않고 그냥 맨몸으로 왔습니다. 하지만 이상하게도 흠뻑 젖어야 할 몸이 뽀송뽀송하였답니다.

"이 댁에서 재주 있는 신랑감을 구한다는 소문을 듣고 왔소이다."

"이렇게 비가 오는 날 찾아주셔서 고맙습니다만 어떤 재주가 있습니까?"

"예, 나는 비를 맞지 않고 요리조리 피해 가는 재주가 있소이다."

총각은 말이 끝나자마자 비가 쏟아지는 마당으로 나가 요리조리 돌아다녔습니다. 아무것도 쓰지 않은 맨몸인데도 비 한 방울 안 맞았지요. 처녀도 대단한 재주라고 감탄하고는 총각에게 시집갈 생각을 했답니다.

그런데 그때 마침 또 한 총각이 당당하게 찾아왔습니다. 이 총각은 묵직한 자루 하나를 어깨에 짊어지고 집으로 들어왔습니다. 그러고는 묵직한 자루를 마루에 쿵하고 내려놓고 굵은 목소리로 말했습니다.

"이 댁에서 재주 있는 신랑감을 구한다는 소문을 듣고 왔소이다."

"아니 이렇게 저를 찾아주셔서 정말 고맙습니다만 어떤 재주가 있습니까?"

"나는 벼룩을 잡아서 머리카락으로 묶을 수 있는 재주가 있소이다."

그러더니 총각은 가져온 자루를 거꾸로 들더니 마루에 탁탁 털었어요. 그러니까 그 안에서 벼룩이 우르르 쏟아져 나와 팔딱거리며 돌아다녔지요. 총각은 그 벼룩을 다 잡아 머리카락으로 묶었답니다.

처녀가 또 감탄을 하며 바라보자 비를 피하는 총각이 나섰습니다.

"벼룩 그까짓 것을 잡아서 묶는 재주가 무슨 대단한 재주냐?"

"그러는 너는, 비 피해 다니는 게 뭐 그리 대단하냐?"

이러면서 두 총각이 뿔이 나서 주먹다짐을 하며 야단법석이 났습니다.

난처해진 처녀가 가운데서 말리다 그만 몸이 공중으로 붕 떴답니다. 정신없이 싸우던 총각들이 자신도 모르게 처녀를 집어던졌던 거지요. 처녀가 떨어지고 보니 웬 총각이 들고 있는 광주리 안이었답니다.

"아니 당신은 대체 누구이며 내가 왜 광주리 안에 있습니까?"

"신랑감을 구한다는 소문을 듣고 왔는데 마침 당신이 이리로 날아오더이다. 그래서 내가 뒷산 대나무밭에 가서 대나무를 베어다 광주리를 만들었지요. 그냥 받으면 다칠 것 같아 지금 만든 광주리로 받았습니다."

공중에 떴다 떨어지는 사이에 대나무를 베어 광주리를 만들었던 겁니다. 결국, 처녀는 자기 목숨을 살린 총각과 결혼해서 행복하게 살았답니다.

제목: 신랑을 찾습니다

1 인물 이야기에 등장하는 인물은 누구인가요?

2 시간과 장소 언제, 어디에서 일어난 이야기인가요?

시간:

장소:

3 사건들 인물에게 어떤 일들이 일어났나요? 일이 어떠한 차례로 일어났나요?

4 끝 이야기가 어떻게 끝났나요?

7 글의 주제 알기

글의 주제를 알아봅시다

글의 주제는 글쓴이가 읽는 이에게 말하고자 하는 생각 또는 의견입니다. 글의 주제는 '~하자. 해야 한다' 또는 '~하지 말자. 하지 말아야 한다'로 만들 수 있습니다.

'신랑을 찾습니다'를 읽고, 글의 주제를 써 봅시다.

읽기유창성

지시문

앞에 있는 종이에 글이 있어요. 이제 선생님이 "시작"이라고 하면(학생용 평가지의 첫 어절을 손가락으로 가리킨 후, 계속 훑으면서) 처음부터 읽기 시작해서 "그만"이라고 할 때까지 최대한 정확하게, 그리고 최대한 빨리 읽으세요. 글을 읽다가 모르는 글자가 나오면 선생님이 어떻게 해야 할지 알려 줄게요. 최선을 다하세요. 질문 있어요? (질문이 있으면 질문에 대답한다.) 준비, 시작. (학생이 첫 어절을 말함과 동시에 타이머를 누르고 1분간 학생의 반응을 기록한 뒤 1분이 지나면 "그만"이라고 말한다.)

옛날 옛적에 어느 깊은 산골 마을에 한 처녀가 살았습니다. 어렸을 때 어머니와 아버지가 병으로 돌아가셨기 때문에 처녀는 혼자였지요. 그래서 처녀는 뭐든지 스스로 할 수 있는 재주를 익혔답니다. 마치 무인도에 갇힌 로빈슨크루소처럼 살기 위해서는 어쩔 수가 없었지요. 밥하고 빨래하는 건 물론이고 밭일과 논일도 모두 다 했습니다. 그 가운데 베 짜는 재주는 귀신도 울고 갈 지경이었어요. 한여름 첫새벽에 베틀에 올라앉으면 하루 만에 삼베옷 100벌을 척하고 만들었지요.

처녀는 제법 나이가 들어차 결혼을 할 때가 되었습니다. 하지만 재주가 이렇게도 좋으니 아무하고나 결혼하고 싶지 않았지요. 그래서 자기처럼 재주 좋은 총각을 찾기 위해 소문을 냈습니다.

'재주 좋은 총각에게 시집갈 재주 좋은 처녀가 있습니다. 총각들은 모두 모여 재주 겨루기를 하여 처녀와 결혼하도록 하옵소서.'

처녀는 산 아래 마을로 내려가 이렇게 소문을 내고 기다렸습니다.

그랬더니 하루는 비가 억수같이 쏟아지는데 어떤 총각 하나가 찾아왔습니다. 그런데 삿갓은 물론이고 도롱이도 쓰지 않고 그냥 맨몸으로 왔습니다. 하지만 이상하게도 흠뻑 젖어야 할 몸이 뽀송뽀송하였답니다.

"이 댁에서 재주 있는 신랑감을 구한다는 소문을 듣고 왔소이다."

"이렇게 비가 오는 날 찾아주셔서 고맙습니다만 어떤 재주가 있습니까?"

"예, 나는 비를 맞지 않고 요리조리 피해 가는 재주가 있소이다."

총각은 말이 끝나자마자 비가 쏟아지는 마당으로 나가 요리조리 돌아다녔습니다. 아무것도 쓰지 않은 맨몸인데도 비 한 방울 안 맞았지요. 처녀도 대단한 재주라고 감탄하고는 총각에게 시집 갈 생각을 했답니다.

그런데 그때 마침 또 한 총각이 당당하게 찾아왔습니다. 이 총각은 묵직한 자루 하나를 어깨에 짊어지고 집으로 들어왔습니다. 그러고는 묵직한 자루를 마루에 쿵하고 내려놓고 굵은 목소리로 말했습니다.

"이 댁에서 재주 있는 신랑감을 구한다는 소문을 듣고 왔소이다."

"아니 이렇게 저를 찾아주셔서 정말 고맙습니다만 어떤 재주가 있습니까?"

"나는 벼룩을 잡아서 머리카락으로 묶을 수 있는 재주가 있소이다."

그러더니 총각은 가져온 자루를 거꾸로 들더니 마루에 탁탁 털었어요. 그러니까 그 안에서 벼룩이 우르르 쏟아져 나와 팔딱거리며 돌아다녔지요. 총각은 그 벼룩을 다 잡아 머리카락으로 묶었답니다.

처녀가 또 감탄을 하며 바라보자 비를 피하는 총각이 나섰습니다.

"벼룩 그까짓 것을 잡아서 묶는 재주가 무슨 대단한 재주냐?"

"그러는 너는, 비 피해 다니는 게 뭐 그리 대단하냐?"

이러면서 두 총각이 뿔이 나서 주먹다짐을 하며 야단법석이 났습니다.

난처해진 처녀가 가운데서 말리다 그만 몸이 공중으로 붕 떴답니다. 정신없이 싸우던 총각들이 자신도 모르게 처녀를 집어던졌던 거지요. 처녀가 떨어지고 보니 웬 총각이 들고 있는 광주리 안이었답니다.

"아니 당신은 대체 누구이며 내가 왜 광주리 안에 있습니까?"

"신랑감을 구한다는 소문을 듣고 왔는데 마침 당신이 이리로 날아오더이다. 그래서 내가 뒷산 대나무밭에 가서 대나무를 베어다 광주리를 만들었지요. 그냥 받으면 다칠 것 같아 지금 만든 광주리로 받았습니다."

공중에 떴다 떨어지는 사이에 대나무를 베어 광주리를 만들었던 겁니다. 결국, 처녀는 자기 목숨을 살린 총각과 결혼해서 행복하게 살았답니다.

읽기유창성 점수: ____________

▶ 사전평가와 사후평가의 지문은 학지사 홈페이지(http://www.hakjisa.co.kr)에서 내려받을 수 있습니다.

사 ◇ 후 ◇ 평 ◇ 가

읽기이해

다음 질문에 최대한 자세히 답을 써 주세요.

(※ 쓰는 것이 어려운 학생의 경우, 구두로 답하도록 하세요.)

1 이야기에 나오는 중심인물은 누구인가요? 모두 써 보세요.

2 언제, 어디에서 있었던 일인가요?

1) 언제:

2) 어디서:

3 처녀는 왜 재주가 많은 총각을 찾으려고 했나요?

4 처녀를 찾아 온 첫 번째, 두 번째 총각에게는 어떤 재주가 있었나요?

5 처녀가 어떻게 광주리 속으로 들어가게 되었나요?

6 처녀가 광주리를 만든 총각과 결혼한 까닭은 무엇일까요?

7 우리도 목표한 바를 이루려면 어떻게 해야 할까요? 그것을 어떻게 알 수 있나요?

1) 어떻게 해야 할까요?

2) 그것을 어떻게 알 수 있나요?

저자 소개

김애화(Kim, Aehwa)
aehwa@dankook.ac.kr
현재 단국대학교 특수교육과 교수로 재직 중이다. 단국대학교 특수교육과를 졸업하고, 미국 텍사스 주립대학교(University of Texas at Austin)에서 학습장애 전공으로 석사 및 박사 학위를 받았다. 텍사스 읽기 및 쓰기 연구소(Texas Center for Reading and Language Arts Center)에서 전임연구원(Research Associate)으로 일하였으며, SSCI 저널인 *Journal of Learning Disabilities*의 assistant editor를 역임하였고, 현재 *Journal of Learning Disabilities*의 consulting editor로 활동 중이다.

김의정(Kim, Uijung)
uijungkim@kornu.ac.kr
현재 나사렛대학교 특수교육과 교수로 재직 중이다. 부산대학교 중어중문과를 졸업하고, 미국 텍사스 주립대학교(University of Texas at Austin)에서 특수 일반 및 자폐성 장애 전공으로 석사 및 박사 학위를 받았다. 텍사스 읽기 및 쓰기 연구소(Texas Center for Reading and Language Arts Center)에서 전임연구원(Research Associate)으로 일하였으며, 캘리포니아 주립대학교(California State University, Los Angeles) 특수교육과 조교수로 재직하였다.

학령기 아동을 위한
읽기유창성 및 읽기이해 프로그램
학생용 (V 수준)

Reading Fluency and Reading Comprehension Program
for School-Age Children

2021년 3월 30일 1판 1쇄 발행
2025년 1월 20일 1판 3쇄 발행

지은이 • 김애화 · 김의정
펴낸이 • 김진환
펴낸곳 • (주) 학지사
04031 서울특별시 마포구 양화로 15길 20 마인드월드빌딩
대표전화 • 02)330-5114 팩스 • 02)324-2345
등록번호 • 제313-2006-000265호

홈페이지 • http://www.hakjisa.co.kr
페이스북 • https://www.facebook.com/hakjisabook

ISBN 978-89-997-2382-7 94370
978-89-997-2376-6 (set)

정가 12,000원